BIRMANÊS

VOCABULÁRIO

PORTUGUÊS BRASILEIRO

PORTUGUÊS
BIRMANÊS

Para alargar o seu léxico e apurar
as suas competências linguísticas

5000 palavras

Vocabulário Português Brasileiro-Birmanês - 5000 palavras

Por Andrey Taranov

Os vocabulários da T&P Books destinam-se a ajudar a aprender, a memorizar, e a rever palavras estrangeiras. O dicionário é dividido em temas, cobrindo todas as principais esferas de atividades quotidianas, negócios, ciência, cultura, etc.

O processo de aprendizagem, utilizando os dicionários baseados em temáticas da T&P Books dá-lhe as seguintes vantagens:

- Informação de origem corretamente agrupada predetermina o sucesso em fases subsequentes da memorização de palavras
- Disponibilização de palavras derivadas da mesma raiz, o que permite a memorização de unidades de texto (em vez de palavras separadas)
- Pequenas unidades de palavras facilitam o processo de estabelecimento de vínculos associativos necessários para a consolidação do vocabulário
- O nível de conhecimento da língua pode ser estimado pelo número de palavras aprendidas

T&P Books Publishing
www.tpbooks.com

ISBN: 978-1-83955-074-4

Este livro também está disponível em formato E-book.
Por favor visite www.tpbooks.com ou as principais livrarias on-line.

VOCABULÁRIO BIRMANÊS
palavras mais úteis

Os vocabulários da T&P Books destinam-se a ajudar a aprender, a memorizar, e a rever palavras estrangeiras. O vocabulário contém mais de 5000 palavras de uso comum organizadas tematicamente.

O vocabulário contém as palavras mais comummente usadas
Recomendado como adicional para qualquer curso de línguas
Satisfaz as necessidades dos iniciados e dos alunos avançados de línguas estrangeiras
Conveniente para o uso diário, sessões de revisão e atividades de auto-teste
Permite avaliar o seu vocabulário

Características especias do vocabulário

- As palavras estão organizadas de acordo com o seu significado, e não por ordem alfabética
- As palavras são apresentadas em três colunas para facilitar os processos de revisão e auto-teste
- As palavras compostas são divididas em pequenos blocos para facilitar o processo de aprendizagem
- O vocabulário oferece uma transcrição simples e adequada de cada palavra estrangeira

O vocabulário contém 155 tópicos incluindo:

Conceitos básicos, Números, Cores, Meses, Estações do ano, Unidades de medida, Roupas & Acessórios, Alimentos & Nutrição, Restaurante, Membros da Família, Parentes, Caráter, Sentimentos, Emoções, Doenças, Cidade, Passeios, Compras, Dinheiro, Casa, Lar, Escritório, Trabalho no Escritório, Importação & Exportação, Marketing, Pesquisa de Emprego, Esportes, Educação, Computador, Internet, Ferramentas, Natureza, Países, Nacionalidades e muito mais ...

TABELA DE CONTEÚDOS

GUIA DE PRONUNCIAÇÃO

Comentários

O MLC Transcription System (MLCTS) é usado como uma transcrição neste livro.
Uma descrição deste sistema pode ser encontrada aqui:
https://en.wiktionary.org/wiki/Wiktionary:Burmese_transliteration
https://en.wikipedia.org/wiki/MLC_Transcription_System

ABREVIATURAS
usadas no vocabulário

Abreviaturas do Português

adj	-	adjetivo
adv	-	advérbio
anim.	-	animado
conj.	-	conjunção
desp.	-	esporte
etc.	-	Etcetera
ex.	-	por exemplo
f	-	nome feminino
f pl	-	feminino plural
fem.	-	feminino
inanim.	-	inanimado
m	-	nome masculino
m pl	-	masculino plural
m, f	-	masculino, feminino
masc.	-	masculino
mat.	-	matemática
mil.	-	militar
pl	-	plural
prep.	-	preposição
pron.	-	pronome
sb.	-	sobre
sing.	-	singular
v aux	-	verbo auxiliar
vi	-	verbo intransitivo
vi, vt	-	verbo intransitivo, transitivo
vr	-	verbo reflexivo
vt	-	verbo transitivo

CONCEITOS BÁSICOS

Conceitos básicos. Parte 1

1. Pronomes

eu	ကျွန်ုပ်	kjunou'
você	သင်	thin
ele	သူ	thu
ela	သူမ	thu ma.
ele, ela (neutro)	၎င်း	jin:
nós	ကျွန်ုပ်တို့	kjunou' tou.
nós (masc.)	ကျွန်တော်တို့	kjun do. dou.
nós (fem.)	ကျွန်မတို့	kjun ma. tou.
vocês	သင်တို့	thin dou.
o senhor, -a	သင်	thin
senhores, -as	သင်တို့	thin dou.
eles	သူတို့	thu dou.
elas	သူမတို့	thu ma. dou.

2. Cumprimentos. Saudações. Despedidas

Oi!	မင်္ဂလာပါ	min ga. la ba
Olá!	မင်္ဂလာပါ	min ga. la ba
Bom dia!	မင်္ဂလာနံနက်ခင်းပါ	min ga. la nan ne' gin: ba
Boa tarde!	မင်္ဂလာနေ့လယ်ခင်းပါ	min ga. la nei. le gin: ba
Boa noite!	မင်္ဂလာညနေခင်းပါ	min ga. la nja nei gin: ba
cumprimentar (vt)	နှုတ်ဆက်သည်	hnou' hsei' te
Oi!	ဟိုင်း	hain:
saudação (f)	ဟလို	ha. lou
saudar (vt)	နှုတ်ဆက်သည်	hnou' hsei' te
Tudo bem?	နေကောင်းလား	nei gaun: la:
Como você está?	နေကောင်းပါသလား	nei gaun: ba dha la:
Como vai?	အဆင်ပြေလား	ahsin bjei la:
E aí, novidades?	ဘာထူးသေးလဲ	ba du: dei: le:
Tchau!	ဂွတ်ဘိုင်	gu' bain
Até logo!	တာ့တာ	ta. da
Até breve!	မကြာခင်ပြန်ဆုံကြမယ်	ma gja. gin bjan zoun gja. me
Adeus!	နှုတ်ဆက်ပါတယ်	hnou' hsei' pa de
despedir-se (dizer adeus)	နှုတ်ဆက်သည်	hnou' hsei' te
Até mais!	တာ့တာ	ta. da
Obrigado! -a!	ကျေးဇူးတင်ပါတယ်	kjei: zu: din ba de

Muito obrigado! -a!	ကျေးဇူးအများကြီးတင်ပါတယ်	kjei: zu: amja: kji: din ba de
De nada	ရပါတယ်	ja. ba de
Não tem de quê	ကိစ္စမရှိပါဘူး	kei. sa ma. shi. ba bu:
Não foi nada!	ရပါတယ်	ja. ba de

Desculpa!	ဆောရီးနော်	hso: ji: no:
Desculpe!	တောင်းပန်ပါတယ်	thaun: ban ba de
desculpar (vt)	ခွင့်လွှတ်သည်	khwin. hlu' te

desculpar-se (vr)	တောင်းပန်သည်	thaun: ban de
Me desculpe	တောင်းပန်ပါတယ်	thaun: ban ba de
Desculpe!	ခွင့်လွှတ်ပါ	khwin. hlu' pa
perdoar (vt)	ခွင့်လွှတ်သည်	khwin. hlu' te
Não faz mal	ကိစ္စမရှိပါဘူး	kei. sa ma. shi. ba bu:
por favor	ကျေးဇူးပြု၍	kjei: zu: pju. i.

Não se esqueça!	မမေ့ပါနဲ့	ma. mei. ba ne.
Com certeza!	ရတာပေါ့	ja. da bo.
Claro que não!	မဟုတ်တာသေချာတယ်	ma hou' ta dhei gja de
Está bem! De acordo!	သဘောတူတယ်	dhabo: tu de
Chega!	တော်ပြီ	to bji

3. Como se dirigir a alguém

Desculpe ...	ခွင့်ပြုပါ	khwin. bju. ba
senhor	ဦး	u:
senhora	ဒေါ်	do
senhorita	မိန်းကလေး	mein: ga. lei:
jovem	လူငယ်	lu nge
menino	ကောင်ကလေး	keaagkle:
menina	ကောင်မလေး	kaun ma. lei:

4. Números cardinais. Parte 1

zero	သုည	thoun nja.
um	တစ်	ti'
dois	နှစ်	hni'
três	သုံး	thoun:
quatro	လေး	lei:

cinco	ငါး	nga:
seis	ခြောက်	chau'
sete	ခုနှစ်	khun hni'
oito	ရှစ်	shi'
nove	ကိုး	kou:

dez	တစ်ဆယ်	ti' hse
onze	တစ်ဆယ်တစ်	ti' hse. ti'
doze	တစ်ဆယ်နှစ်	ti' hse. hni'
treze	တစ်ဆယ်သုံး	ti' hse. thoun:
catorze	တစ်ဆယ်လေး	ti' hse. lei:
quinze	တစ်ဆယ်ငါး	ti' hse. nga:

dezesseis	တစ်ဆယ့်ခြောက်	ti' hse. khau'
dezessete	တစ်ဆယ့်ခုနစ်	ti' hse. khu ni'
dezoito	တစ်ဆယ့်ရှစ်	ti' hse. shi'
dezenove	တစ်ဆယ့်ကိုး	ti' hse. gou:

vinte	နှစ်ဆယ်	hni' hse
vinte e um	နှစ်ဆယ့်တစ်	hni' hse. ti'
vinte e dois	နှစ်ဆယ့်နှစ်	hni' hse. hni'
vinte e três	နှစ်ဆယ့်သုံး	hni' hse. thuan:

trinta	သုံးဆယ်	thoun: ze
trinta e um	သုံးဆယ့်တစ်	thoun: ze. di'
trinta e dois	သုံးဆယ့်နှစ်	thoun: ze. hni'
trinta e três	သုံးဆယ့်သုံး	thoun: ze. dhoun:

quarenta	လေးဆယ်	lei: hse
quarenta e um	လေးဆယ့်တစ်	lei: hse. ti'
quarenta e dois	လေးဆယ့်နှစ်	lei: hse. hni'
quarenta e três	လေးဆယ့်သုံး	lei: hse. thaun:

cinquenta	ငါးဆယ်	nga: ze
cinquenta e um	ငါးဆယ့်တစ်	nga: ze di'
cinquenta e dois	ငါးဆယ့်နှစ်	nga: ze hni'
cinquenta e três	ငါးဆယ့်သုံး	nga: ze dhoun:

sessenta	ခြောက်ဆယ်	chau' hse
sessenta e um	ခြောက်ဆယ့်တစ်	chau' hse. di'
sessenta e dois	ခြောက်ဆယ့်နှစ်	chau' hse. hni'
sessenta e três	ခြောက်ဆယ့်သုံး	chau' hse. dhoun:

setenta	ခုနစ်ဆယ်	khun hni' hse.
setenta e um	ခုနစ်ဆယ့်တစ်	qunxcy•tx
setenta e dois	ခုနစ်ဆယ့်နှစ်	khun hni' hse. hni
setenta e três	ခုနစ်ဆယ့်သုံး	khu. ni' hse. dhoun:

oitenta	ရှစ်ဆယ်	shi' hse
oitenta e um	ရှစ်ဆယ့်တစ်	shi' hse. ti'
oitenta e dois	ရှစ်ဆယ့်နှစ်	shi' hse. hni'
oitenta e três	ရှစ်ဆယ့်သုံး	shi' hse. dhun:

noventa	ကိုးဆယ်	kou: hse
noventa e um	ကိုးဆယ့်တစ်	kou: hse. ti'
noventa e dois	ကိုးဆယ့်နှစ်	kou: hse. hni'
noventa e três	ကိုးဆယ့်သုံး	kou: hse. dhaun:

5. Números cardinais. Parte 2

cem	တစ်ရာ	ti' ja
duzentos	နှစ်ရာ	hni' ja
trezentos	သုံးရာ	thoun: ja
quatrocentos	လေးရာ	lei: ja
quinhentos	ငါးရာ	nga: ja
seiscentos	ခြောက်ရာ	chau' ja
setecentos	ခုနစ်ရာ	khun hni' ja

| oitocentos | ရှစ်ရာ | shi' ja |
| novecentos | ကိုးရာ | kou: ja |

mil	တစ်ထောင်	ti' htaun
dois mil	နှစ်ထောင်	hni' taun
três mil	သုံးထောင်	thoun: daun
dez mil	တစ်သောင်း	ti' thaun:
cem mil	တစ်သိန်း	ti' thein:
um milhão	တစ်သန်း	ti' than:
um bilhão	ဘီလီယံ	bi li jan

6. Números ordinais

primeiro (adj)	ပထမ	pahtama.
segundo (adj)	ဒုတိယ	du. di. ja.
terceiro (adj)	တတိယ	tati. ja.
quarto (adj)	စတုတ္ထ	zadou' hta.
quinto (adj)	ပဉ္စမ	pjin sama.

sexto (adj)	ဆဋ္ဌမ	hsa. htama.
sétimo (adj)	သတ္တမ	tha' tama.
oitavo (adj)	အဋ္ဌမ	a' htama.
nono (adj)	နဝမ	na. wa. ma.
décimo (adj)	ဒသမ	da dha ma

7. Números. Frações

fração (f)	အပိုင်းကိန်း	apain: gein:
um meio	နှစ်ပိုင်းတစ်ပိုင်း	hni' bain: di' bain:
um terço	သုံးပိုင်းတစ်ပိုင်း	thoun: bain: di' bain:
um quarto	လေးပိုင်းတစ်ပိုင်း	lei: bain: ti' pain:

um oitavo	ရှစ်ပိုင်းတစ်ပိုင်း	shi' bain: di' bain:
um décimo	ဆယ်ပိုင်းတစ်ပိုင်း	hse bain: da' bain:
dois terços	သုံးပိုင်းနှစ်ပိုင်း	thoun: bain: hni' bain:
três quartos	လေးပိုင်းသုံးပိုင်း	lei: bain: dhoun: bain:

8. Números. Operações básicas

| subtração (f) | နုတ်ခြင်း | nou' khjin: |
| subtrair (vi, vt) | နုတ်သည် | nou' te |

| divisão (f) | စားခြင်း | sa: gjin: |
| dividir (vt) | စားသည် | sa: de |

adição (f)	ပေါင်းခြင်း	paun: gjin:
somar (vt)	ပေါင်းသည်	paun: de
adicionar (vt)	ထပ်ပေါင်းသည်	hta' paun: de
multiplicação (f)	မြှောက်ခြင်း	hmjau' chin:
multiplicar (vt)	မြှောက်သည်	hmjau' de

9. Números. Diversos

algarismo, dígito (m)	ကိန်းဂဏန်း	kein: ga nan:
número (m)	ကိန်း	kein:
numeral (m)	ဂဏန်းအက္ခရာ	ganan: e' kha ja
menos (m)	အနုတ်	ahnou'
mais (m)	အပေါင်း	apaun:
fórmula (f)	ပုံသေနည်း	poun dhei ne:
cálculo (m)	တွက်ချက်ခြင်း	twe' che' chin:
contar (vt)	ရေတွက်သည်	jei dwe' te
calcular (vt)	ရေတွက်သည်	jei dwe' te
comparar (vt)	နှိုင်းယှဉ်သည်	hnain: shin de
Quanto, -os, -as?	ဘယ်လောက်လဲ	be lau' le:
soma (f)	ပေါင်းလဒ်	paun: la'
resultado (m)	ရလဒ်	jala'
resto (m)	အကြွင်း	akjwin:
alguns, algumas ...	အချို့	achou.
pouco (~ tempo)	အနည်းငယ်	ane: nge
poucos, poucas	အနည်းငယ်	ane: nge
um pouco de ...	အနည်းငယ်	ane: nge
resto (m)	ကျန်သော	kjan de.
um e meio	တစ်ခုခွဲ	ti' khu. khwe:
dúzia (f)	ဒါဇင်	da zin
ao meio	တစ်ဝက်စီ	ti' we' si
em partes iguais	ညီတူညီမျှ	nji du nji hmja.
metade (f)	တစ်ဝက်	ti' we'
vez (f)	ကြိမ်	kjein

10. Os verbos mais importantes. Parte 1

abrir (vt)	ဖွင့်သည်	hpwin. de
acabar, terminar (vt)	ပြီးသည်	pji: de
aconselhar (vt)	အကြံပေးသည်	akjan bei: de
adivinhar (vt)	မှန်းဆသည်	hman za de
advertir (vt)	သတိပေးသည်	dhadi. pei: de
ajudar (vt)	ကူညီသည်	ku nji de
almoçar (vi)	နေ့လယ်စာစားသည်	nei. le za za de
alugar (~ um apartamento)	ငှားသည်	hnga: de
amar (pessoa)	ချစ်သည်	chi' te
ameaçar (vt)	ခြိမ်းခြောက်သည်	chein: gjau' te
anotar (escrever)	ရေးထားသည်	jei: da: de
apressar-se (vr)	လောသည်	lo de
arrepender-se (vr)	နောင်တရသည်	naun da. ja. de
assinar (vt)	လက်မှတ်ထိုးသည်	le' hma' htou: de
brincar (vi)	စနောက်သည်	sanau' te
brincar, jogar (vi, vt)	ကစားသည်	gaza: de
buscar (vt)	ရှာသည်	sha de

caçar (vi)	အမဲလိုက်သည်	ame: lai' de
cair (vi)	ကျဆင်းသည်	kja zin: de
cavar (vt)	တူးသည်	tu: de
chamar (~ por socorro)	ခေါ်သည်	kho de

chegar (vi)	ရောက်သည်	jau' te
chorar (vi)	ငိုသည်	ngou de
começar (vt)	စတင်သည်	sa. tin de
comparar (vt)	နှိုင်းယှဉ်သည်	hnain: shin de
concordar (dizer "sim")	သဘောတူသည်	dhabo: tu de

confiar (vt)	ယုံကြည်သည်	joun kji de
confundir (equivocar-se)	ရောထွေးသည်	jo: dwei: de
conhecer (vt)	သိသည်	thi. de
contar (fazer contas)	ရေတွက်သည်	jei dwe' te
contar com ...	အားကိုးသည်	a: kou: de
continuar (vt)	ဆက်လုပ်သည်	hse' lou' te

controlar (vt)	ထိန်းချုပ်သည်	htein: gjou' te
convidar (vt)	ဖိတ်သည်	hpi' de
correr (vi)	ပြေးသည်	pjei: de
criar (vt)	ဖန်တီးသည်	hpan di: de
custar (vt)	ကုန်ကျသည်	koun kja de

11. Os verbos mais importantes. Parte 2

dar (vt)	ပေးသည်	pei: de
dar uma dica	အရိပ်အခြွက်ပေးသည်	aji' ajmwe' pei: de
decorar (enfeitar)	အလှဆင်သည်	ahla. zin dhe
defender (vt)	ကာကွယ်သည်	ka gwe de
deixar cair (vt)	ဖြုတ်ချသည်	hpjou' cha. de

descer (para baixo)	ဆင်းသည်	hsin: de
desculpar (vt)	ခွင့်လွှတ်သည်	khwin. hlu' te
desculpar-se (vr)	တောင်းပန်သည်	thaun: ban de
dirigir (~ uma empresa)	ညွှန်ကြားသည်	hnjun gja: de
discutir (notícias, etc.)	ဆွေးနွေးသည်	hswe: nwe: de

disparar, atirar (vi)	ပစ်သည်	pi' te
dizer (vt)	ပြောသည်	pjo: de
duvidar (vt)	သံသယဖြစ်သည်	than thaja. bji' te
encontrar (achar)	ရှာတွေ့သည်	sha dwei. de
enganar (vt)	လိမ်ပြောသည်	lain bjo: de

entender (vt)	နားလည်သည်	na: le de
entrar (na sala, etc.)	ဝင်သည်	win de
enviar (uma carta)	ပို့သည်	pou. de
errar (enganar-se)	မှားသည်	hma: de
escolher (vt)	ရွေးသည်	jwei: de

esconder (vt)	ဖုံးကွယ်သည်	hpoun: gwe de
escrever (vt)	ရေးသည်	jei: de
esperar (aguardar)	စောင့်သည်	saun. de
esperar (ter esperança)	မျှော်လင့်သည်	hmjo. lin. de

esquecer (vt)	မေ့သည်	mei. de
estar (vi)	ဖြစ်နေသည်	hpji' nei de
estudar (vt)	သင်ယူလေ့လာသည်	thin ju lei. la de
exigir (vt)	တိုက်တွန်းသည်	tai' tun: de
existir (vi)	တည်ရှိသည်	ti shi. de
explicar (vt)	ရှင်းပြသည်	shin: bja. de
falar (vi)	ပြောသည်	pjo: de
faltar (a la escuela, etc.)	ပျက်ကွက်သည်	pje' kwe' te
fazer (vt)	ပြုလုပ်သည်	pju. lou' te
ficar em silêncio	နှုတ်ဆိတ်သည်	hnou' hsei' te
gabar-se (vr)	ကြွားသည်	kjwa: de
gostar (apreciar)	ကြိုက်သည်	kjai' de
gritar (vi)	အော်သည်	o de
guardar (fotos, etc.)	သိန်းထားသည်	htein: da: de
informar (vt)	အေ‌ကြောင်းကြားသည်	akjaun: kja: de
insistir (vi)	တိုက်တွန်းပြောဆိုသည်	tou' tun: bjo: zou de
insultar (vt)	စော်ကားသည်	so ga: de
interessar-se (vr)	စိတ်ဝင်စားသည်	sei' win za: de
ir (a pé)	သွားသည်	thwa: de
ir nadar	ရေကူးသည်	jei ku: de
jantar (vi)	ညစာစားသည်	nja. za za: de

12. Os verbos mais importantes. Parte 3

ler (vt)	ဖတ်သည်	hpa' te
libertar, liberar (vt)	လွတ်မြောက်စေသည်	lu' mjau' sei de
matar (vt)	သတ်သည်	tha' te
mencionar (vt)	ဖော်ပြသည်	hpjo bja. de
mostrar (vt)	ပြသည်	pja. de
mudar (modificar)	ပြောင်းလဲသည်	pjaun: le: de
nadar (vi)	ရေကူးသည်	jei ku: de
negar-se a ... (vr)	ငြင်းဆန်သည်	njin: zan de
objetar (vt)	ငြင်းသည်	njin: de
observar (vt)	စောင့်ကြည့်သည်	saun. gji. de
ordenar (mil.)	အမိန့်ပေးသည်	amin. bei: de
ouvir (vt)	ကြားသည်	ka: de
pagar (vt)	ပေးရေသည်	pei: gjei de
parar (vi)	ရပ်သည်	ja' te
parar, cessar (vt)	ရပ်သည်	ja' te
participar (vi)	ပါဝင်သည်	pa win de
pedir (comida, etc.)	မှာသည်	hma de
pedir (um favor, etc.)	တောင်းဆိုသည်	taun: hsou: de
pegar (tomar)	ယူသည်	ju de
pegar (uma bola)	ဖမ်းသည်	hpan: de
pensar (vi, vt)	ထင်သည်	htin de
perceber (ver)	သတိထားမိသည်	dhadi. da: mi. de
perdoar (vt)	ခွင့်လွှတ်သည်	khwin. hlu' te

perguntar (vt)	မေးသည်	mei: de
permitir (vt)	ခွင့်ပြုသည်	khwin bju. de
pertencer a … (vi)	ပိုင်ဆိုင်သည်	pain zain de
planejar (vt)	စီစဉ်သည်	si zin de
poder (~ fazer algo)	တတ်နိုင်သည်	ta' nain de
possuir (uma casa, etc.)	ပိုင်ဆိုင်သည်	pain zain de

preferir (vt)	ပိုကြိုက်သည်	pou gjai' te
preparar (vt)	ရှက်ပြုတ်သည်	che' pjou' te
prever (vt)	ကြိုမြင်သည်	kjou mjin de
prometer (vt)	ကတိပေးသည်	gadi pei: de
pronunciar (vt)	အသံထွက်သည်	athan dwe' te

propor (vt)	အဆိုပြုသည်	ahsou bju. de
punir (castigar)	အပြစ်ပေးသည်	apja' pei: de
quebrar (vt)	ချက်ဆီးသည်	hpje' hsi: de
queixar-se de …	တိုင်ကြားသည်	tain bjo: de
querer (desejar)	လိုချင်သည်	lou gjin de

13. Os verbos mais importantes. Parte 4

ralhar, repreender (vt)	ဆူသည်	hsu. de
recomendar (vt)	အကြံပြုထောက်ခံသည်	akjan pju htau' khan de
repetir (dizer outra vez)	ထပ်လုပ်သည်	hta' lou' te
reservar (~ um quarto)	မှာသည်	hma de
responder (vt)	ဖြေသည်	hpjei de

rezar, orar (vi)	ရှိခိုးသည်	shi. gou: de
rir (vi)	ရယ်သည်	je de
roubar (vt)	ခိုးသည်	khou: de
saber (vt)	သိသည်	thi. de
sair (~ de casa)	ထွက်သည်	htwe' te

salvar (resgatar)	ကယ်ဆယ်သည်	ke ze de
seguir (~ alguém)	လိုက်သည်	lai' te
sentar-se (vr)	ထိုင်သည်	htain de
ser (vi)	ဖြစ်သည်	hpji' te
ser necessário	အလိုရှိသည်	alou' shi. de

significar (vt)	ဆိုလိုသည်	hsou lou de
sorrir (vi)	ပြုံးသည်	pjoun: de
subestimar (vt)	လျှော့တွက်သည်	sho. dwe' de
surpreender-se (vr)	အံ့သြသည်	an. o. de

tentar (~ fazer)	စမ်းကြည့်သည်	san: kji. de
ter (vt)	ရှိသည်	shi. de
ter fome	ဗိုက်ဆာသည်	bai' hsa de

ter medo	ကြောက်သည်	kjau' te
ter sede	ရေဆာသည်	jei za de
tocar (com as mãos)	ကိုင်သည်	kain de
tomar café da manhã	နံနက်စာစားသည်	nan ne' za za: de
trabalhar (vi)	အလုပ်လုပ်သည်	alou' lou' te
traduzir (vt)	ဘာသာပြန်သည်	ba dha bjan de

unir (vt)	ပေါင်းစည်းသည်	paun: ze: de
vender (vt)	ရောင်းသည်	jaun: de
ver (vt)	မြင်သည်	mjin de
virar (~ para a direita)	ကွေ့သည်	kwei. de
voar (vi)	ပျံသန်းသည်	pjan dan: de

14. Cores

cor (f)	အရောင်	ajaun
tom (m)	အသွေးအဆင်း	athwei: ahsin:
tonalidade (m)	အရောင်အသွေး	ajaun athwei:
arco-íris (m)	သက်တံ	the' tan

branco (adj)	အဖြူရောင်	ahpju jaun
preto (adj)	အနက်ရောင်	ane' jaun
cinza (adj)	မဲရောင်	khe: jaun

verde (adj)	အစိမ်းရောင်	asain: jaun
amarelo (adj)	အဝါရောင်	awa jaun
vermelho (adj)	အနီရောင်	ani jaun

azul (adj)	အပြာရောင်	apja jaun
azul claro (adj)	အပြာနုရောင်	apja nu. jaun
rosa (adj)	ပန်းရောင်	pan: jaun
laranja (adj)	လိမ္မော်ရောင်	limmo jaun
violeta (adj)	ခရမ်းရောင်	khajan: jaun
marrom (adj)	အညိုရောင်	anjou jaun

dourado (adj)	ရွှေရောင်	shwei jaun
prateado (adj)	ငွေရောင်	ngwei jaun

bege (adj)	ဝါညိုနုရောင်	wa njou nu. jaun
creme (adj)	နို့စိမ်းရောင်	nou. hni' jaun
turquesa (adj)	စိမ်းပြာရောင်	sein: bja jaun
vermelho cereja (adj)	ချယ်ရီရောင်	che ji jaun
lilás (adj)	ခရမ်းဖျော့ရောင်	khajan: bjo. jaun
carmim (adj)	ကြက်သွေးရောင်	kje' thwei: jaun

claro (adj)	အရောင်ဖျော့သော	ajaun bjo. de.
escuro (adj)	အရောင်ရင့်သော	ajaun jin. de.
vivo (adj)	တောက်ပသော	tau' pa. de.

de cor	အရောင်ရှိသော	ajaun shi. de.
a cores	ရောင်စုံ	jau' soun
preto e branco (adj)	အဖြူအမည်း	ahpju ame:
unicolor (de uma só cor)	တစ်ရောင်တည်းရှိသော	ti' jaun te: shi. de.
multicolor (adj)	အရောင်စုံသော	ajaun zoun de.

15. Questões

Quem?	ဘယ်သူလဲ	be dhu le:
O que?	ဘာလဲ	ba le:

Onde?	ဘယ်မှာလဲ	be hma le:
Para onde?	ဘယ်ကိုလဲ	be gou le:
De onde?	ဘယ်ကလဲ	be ga. le:
Quando?	ဘယ်တော့လဲ	be do. le:
Para quê?	ဘာအတွက်လဲ	ba atwe' le:
Por quê?	ဘာကြောင့်လဲ	ba gjaun. le:

Para quê?	ဘာအတွက်လဲ	ba atwe' le:
Como?	ဘယ်လိုလဲ	be lau le:
Qual (~ é o problema?)	ဘယ်လိုမျိုးလဲ	be lau mjou: le:
Qual (~ deles?)	ဘယ်ဟာလဲ	be ha le:

A quem?	ဘယ်သူ့ကိုလဲ	be dhu. gou le:
De quem?	ဘယ်သူ့အကြောင်းလဲ	be dhu. kjaun: le:
Do quê?	ဘာအကြောင်းလဲ	ba akjain: le:
Com quem?	ဘယ်သူနဲ့လဲ	be dhu ne. le:

Quanto, -os, -as?	ဘယ်လောက်လဲ	be lau' le:
De quem (~ é isto?)	ဘယ်သူ့	be dhu.

16. Preposições

com (prep.)	နဲ့အတူ	ne. atu
sem (prep.)	မပါဘဲ	ma. ba be:
a, para (exprime lugar)	သို့	thou.
sobre (ex. falar ~)	အကြောင်း	akjaun:
antes de ...	မတိုင်မီ	ma. dain mi
em frente de ...	ရှေ့မှာ	shei. hma

debaixo de ...	အောက်မှာ	au' hma
sobre (em cima de)	အပေါ်မှာ	apo hma
em ..., sobre ...	အပေါ်	apo
de, do (sou ~ Rio de Janeiro)	မှ	hma.
de (feito ~ pedra)	ဖြင့်	hpjin.

em (~ 3 dias)	နောက်	nau'
por cima de ...	ဖြတ်လျက်	hpja' lje'

17. Palavras funcionais. Advérbios. Parte 1

Onde?	ဘယ်မှာလဲ	be hma le:
aqui	ဒီမှာ	di hma
lá, ali	ဟိုမှာ	hou hma.

em algum lugar	တစ်နေရာရာမှာ	ti' nei ja ja hma
em lugar nenhum	ဘယ်မှာမှ	be hma hma.

perto de ...	နားမှာ	na: hma
perto da janela	ပြတင်းပေါက်နားမှာ	badin: pau' hna: hma

Para onde?	ဘယ်ကိုလဲ	be gou le:
aqui	ဒီဘက်ကို	di be' kou

para lá	ဟိုဘက်ကို	hou be' kou
daqui	ဒီဘက်မှ	di be' hma
de lá, dali	ဟိုဘက်မှ	hou be' hma.
perto	နီးသည်	ni: de
longe	အဝေးမှာ	awei: hma
perto de …	နားမှာ	na: hma
à mão, perto	ဘေးမှာ	bei: hma
não fica longe	မနီးမဝေး	ma. ni ma. wei:
esquerdo (adj)	ဘယ်	be
à esquerda	ဘယ်ဘက်မှာ	be be' hma
para a esquerda	ဘယ်ဘက်	be be'
direito (adj)	ညာဘက်	nja be'
à direita	ညာဘက်မှာ	nja be' hma
para a direita	ညာဘက်	nja be'
em frente	ရှေ့မှာ	shei. hma
da frente	ရှေ့	shei.
adiante (para a frente)	ရှေ့	shei.
atrás de …	နောက်မှာ	nau' hma
de trás	နောက်က	nau' ka.
para trás	နောက်	nau'
meio (m), metade (f)	အလယ်	ale
no meio	အလယ်မှာ	ale hma
do lado	ဘေးမှာ	bei: hma
em todo lugar	နေရာတိုင်းမှာ	nei ja dain: hma
por todos os lados	ပတ်လည်မှာ	pa' le hma
de dentro	အထဲမှ	a hte: hma.
para algum lugar	တစ်နေရာရာကို	ti' nei ja ja gou
diretamente	တိုက်ရိုက်	tai' jai'
de volta	အပြန်	apjan
de algum lugar	တစ်နေရာရာမှ	ti' nei ja ja hma.
de algum lugar	တစ်နေရာရာမှ	ti' nei ja ja hma.
em primeiro lugar	ပထမအနေဖြင့်	pahtama. anei gjin.
em segundo lugar	ဒုတိယအနေဖြင့်	du. di. ja. anei bjin.
em terceiro lugar	တတိယအနေဖြင့်	tati. ja. anei bjin.
de repente	မတော်တဆ	ma. do da. za.
no início	အစမှာ	asa. hma
pela primeira vez	ပထမဆုံး	pahtama. zoun:
muito antes de …	မတိုင်ခင် အတော်လေး အလိုက	ma. dain gin ato lei: alou ga.
de novo	အသစ်တဖန်	athi' da. ban
para sempre	အမြဲတမ်း	amje: dan:
nunca	ဘယ်တော့မှ	be do hma.
de novo	တဖန်	tahpan
agora	အခုတော့	akhu dau.

frequentemente	ခဏခဏ	khana. khana.
então	ထို့သို့ဖြစ်လျှင်	htou dhou. bji' shin
urgentemente	အမြန်	aman
normalmente	ပုံမှန်	poun hman
a propósito, ...	စကားမစပ်	zaga: ma. za'
é possível	ဖြင်နိုင်သည်	hpjin nain de
provavelmente	ဖြစ်နိုင်သည်	hpji' nein de
talvez	ဖြစ်နိုင်သည်	hpji' nein de
além disso, ...	ဒါ့အပြင်	da. apjin
por isso ...	ဒါကြောင့်	da gjaun.
apesar de ...	သော်လည်း	tho lei:
graças a ...	ကြောင့်	kjaun.
que (pron.)	ဘာ	ba
que (conj.)	ဟု	hu
algo	တစ်ခုခု	ti' khu. gu.
alguma coisa	တစ်ခုခု	ti' khu. gu.
nada	ဘာမှ	ba hma.
quem	ဘယ်သူ	be dhu.
alguém (~ que ...)	တစ်ယောက်ယောက်	ti' jau' jau'
alguém (com ~)	တစ်ယောက်ယောက်	ti' jau' jau'
ninguém	ဘယ်သူမှ	be dhu hma.
para lugar nenhum	ဘယ်ကိုမှ	be gou hma.
de ninguém	ဘယ်သူမှမပိုင်သော	be dhu hma ma. bain de.
de alguém	တစ်ယောက်ယောက်ရဲ့	ti' jau' jau' je.
tão	ဒီလို	di lou
também (gostaria ~ de ...)	ထို့ပြင်လည်း	htou. bjin le:
também (~ eu)	လည်းဘဲ	le: be:

18. Palavras funcionais. Advérbios. Parte 2

Por quê?	ဘာကြောင့်လဲ	ba gjaun. le:
por alguma razão	တစ်ခုခုကြောင့်	ti' khu. gu. gjaun.
porque ...	အဘယ်ကြောင့်ဆိုသော်	abe gjo:n. zou dho
por qualquer razão	တစ်ခုခုအတွက်	ti' khu. gu. atwe'
e (tu ~ eu)	နှင့်	hnin.
ou (ser ~ não ser)	သို့မဟုတ်	thou. ma. hou'
mas (porém)	ဒါပေမဲ့	da bei me.
para (~ a minha mãe)	အတွက်	atwe'
muito, demais	အလွန်	alun
só, somente	သာ	tha
exatamente	အတိအကျ	ati. akja.
cerca de (~ 10 kg)	ခန့်	khan.
aproximadamente	ခန့်မှန်းခြေအားဖြင့်	khan hman: gjei a: bjin.
aproximado (adj)	ခန့်မှန်းခြေဖြစ်သော	khan hman: gjei bji' te.
quase	နီးပါး	ni: ba:
resto (m)	ကျန်သော	kjan de.

o outro (segundo)	တခြားသော	tacha: de.
outro (adj)	အခြားသော	apja: de.
cada (adj)	တိုင်း	tain:
qualquer (adj)	မရှိ	ma. zou
muitos, muitas	အမြောက်အများ	amjau' amja:
muito	အများကြီး	amja: gji:
muitas pessoas	များစွာသော	mja: zwa de.
todos	အားလုံး	a: loun:
em troca de ...	အစား	asa:
em troca	အစား	asa:
à mão	လက်ဖြင့်	le' hpjin.
pouco provável	ဖြစ်နိုင်ခြေ နည်းသည်	hpji' nain gjei ni: de
provavelmente	ဖြစ်နိုင်သည်	hpji' nein de
de propósito	တမင်	tamin
por acidente	အမှတ်တမဲ့	ahma' ta. me.
muito	သိပ်	thei'
por exemplo	ဥပမာအားဖြင့်	upama a: bjin.
entre	ကြား	kja:
entre (no meio de)	ကြားထဲတွင်	ka: de: dwin:
tanto	ဒီလောက်	di lau'
especialmente	အထူးသဖြင့်	a htu: dha. hjin.

Conceitos básicos. Parte 2

19. Dias da semana

Português	Birmanês	Pronúncia
segunda-feira (f)	တနင်္လာ	tanin: la
terça-feira (f)	အင်္ဂါ	in ga
quarta-feira (f)	ဗုဒ္ဓဟူး	bou' da. hu:
quinta-feira (f)	ကြာသပတေး	kja dha ba. dei:
sexta-feira (f)	သောကြာ	thau' kja
sábado (m)	စနေ	sanei
domingo (m)	တနင်္ဂနွေ	tanin: ganwei
hoje	ယနေ့	ja. nei.
amanhã	မနက်ဖြန်	mane' bjan
depois de amanhã	သဘက်ခါ	dhabe' kha
ontem	မနေ့က	ma. nei. ka.
anteontem	တနေ့က	ta. nei. ga.
dia (m)	နေ့	nei.
dia (m) de trabalho	ရုံးဖွင့်ရက်	joun: hpwin je'
feriado (m)	ပွဲတော်ရက်	pwe: do je'
dia (m) de folga	ရုံးပိတ်ရက်	joun: bei' je'
fim (m) de semana	ရုံးပိတ်ရက်များ	joun: hpwin je' mja:
o dia todo	တနေ့လုံး	ta. nei. loun:
no dia seguinte	နောက်နေ့	nau' nei.
há dois dias	လွန်ခဲ့သော နှစ်ရက်က	lun ge: de. hni' ja' ka.
na véspera	အကြိုနေ့မှာ	akjou nei. hma
diário (adj)	နေ့စဉ်	nei. zin
todos os dias	နေ့တိုင်း	nei dain:
semana (f)	ရက်သတ္တပတ်	je' tha' daba'
na semana passada	ပြီးခဲ့တဲ့အပတ်က	pji: ge. de. apa' ka.
semana que vem	လာမယ့်အပတ်မှာ	la. me. apa' hma
semanal (adj)	အပတ်စဉ်	apa' sin
toda semana	အပတ်စဉ်	apa' sin
duas vezes por semana	တစ်ပတ် နှစ်ကြိမ်	ti' pa' hni' kjein
toda terça-feira	အင်္ဂါနေ့တိုင်း	in ga nei. dain:

20. Horas. Dia e noite

Português	Birmanês	Pronúncia
manhã (f)	နံနက်ခင်း	nan ne' gin:
de manhã	နံနက်ခင်းမှာ	nan ne' gin: hma
meio-dia (m)	မွန်းတည့်	mun: de.
à tarde	နေ့လယ်စာစားချိန်ပြီးနောက်	nei. le za za: gjein bji: nau'
tardinha (f)	ညနေခင်း	nja. nei gin:
à tardinha	ညနေခင်းမှာ	nja. nei gin: hma

noite (f)	ည	nja
à noite	ညမှာ	nja hma
meia-noite (f)	သန်းခေါင်ယံ	than: gaun jan

segundo (m)	စက္ကန့်	se' kan.
minuto (m)	မိနစ်	mi. ni'
hora (f)	နာရီ	na ji
meia hora (f)	နာရီဝက်	na ji we'
quarto (m) de hora	ဆယ့်ငါးမိနစ်	hse. nga: mi. ni'
quinze minutos	၁၅ မိနစ်	ta' hse. nga: mi ni'
vinte e quatro horas	နှစ်ဆယ်လေးနာရီ	hni' hse lei: na ji

nascer (m) do sol	နေထွက်ချိန်	nei dwe' gjein
amanhecer (m)	အာရုဏ်ဦး	a joun u:
madrugada (f)	နံနက်စောစော	nan ne' so: zo:
pôr-do-sol (m)	နေဝင်ချိန်	nei win gjein

de madrugada	နံနက်အစောပိုင်း	nan ne' aso: bain:
esta manhã	ယနေ့နံနက်	ja. nei. nan ne'
amanhã de manhã	မနက်ဖြန်နံနက်	mane' bjan nan ne'

esta tarde	ယနေ့နေ့လယ်	ja. nei. nei. le
à tarde	နေ့လယ်စာစားချိန်ပြီးနောက်	nei. le za za: gjein bji: nau'
amanhã à tarde	မနက်ဖြန့်မွန်းလွဲပိုင်း	mane' bjan mun: lwe: bain:

| esta noite, hoje à noite | ယနေ့ညနေ | ja. nei. nja. nei |
| amanhã à noite | မနက်ဖြန်ညနေ | mane' bjan nja. nei |

às três horas em ponto	၃ နာရီတွင်	thoun: na ji dwin
por volta das quatro	၄ နာရီခန့်တွင်	lei: na ji khan dwin
às doze	၁၂ နာရီအရောက်	hse. hni' na ji ajau'

em vinte minutos	နောက် မိနစ် ၂၀ မှာ	nau' mi. ni' hni' se hma
em uma hora	နောက်တစ်နာရီမှာ	nau' ti' na ji hma
a tempo	အချိန်ကိုက်	achein kai'

... um quarto para	မတ်တင်း	ma' tin:
dentro de uma hora	တစ်နာရီအတွင်း	ti' na ji atwin:
a cada quinze minutos	၁၅ မိနစ်တိုင်း	ta' hse. nga: mi ni' htain:
as vinte e quatro horas	၂၄ နာရီလုံး	hna' hse. lei: na ji

21. Meses. Estações

janeiro (m)	ဇန်နဝါရီလ	zan na. wa ji la,
fevereiro (m)	ဖေဖော်ဝါရီလ	hpei bo wa ji la
março (m)	မတ်လ	ma' la,
abril (m)	ဧပြီလ	ei bji la,
maio (m)	မေလ	mei la.
junho (m)	ဇွန်လ	zun la.

julho (m)	ဇူလိုင်လ	zu lain la.
agosto (m)	ဩဂုတ်လ	o: gou' la.
setembro (m)	စက်တင်ဘာလ	sa' htin ba la.
outubro (m)	အောက်တိုဘာလ	au' tou ba la

25

| novembro (m) | နိုဝင်ဘာလ | nou win ba la. |
| dezembro (m) | ဒီဇင်ဘာလ | di zin ba la. |

primavera (f)	နွေဦးရာသီ	nwei: u: ja dhi
na primavera	နွေဦးရာသီမှာ	nwei: u: ja dhi hma
primaveril (adj)	နွေဦးရာသီနှင့်ဆိုင်သော	nwei: u: ja dhi hnin. zain de.

verão (m)	နွေရာသီ	nwei: ja dhi
no verão	နွေရာသီမှာ	nwei: ja dhi hma
de verão	နွေရာသီနှင့်ဆိုင်သော	nwei: ja dhi hnin. zain de.

outono (m)	ဆောင်းဦးရာသီ	hsaun: u: ja dhi
no outono	ဆောင်းဦးရာသီမှာ	hsaun: u: ja dhi hma
outonal (adj)	ဆောင်းဦးရာသီနှင့်ဆိုင်သော	hsaun: u: ja dhi hnin. zain de.

inverno (m)	ဆောင်းရာသီ	hsaun: ja dhi
no inverno	ဆောင်းရာသီမှာ	hsaun: ja dhi hma
de inverno	ဆောင်းရာသီနှင့်ဆိုင်သော	hsaun: ja dhi hnin. zain de.

mês (m)	လ	la.
este mês	ဒီလ	di la.
mês que vem	နောက်လ	nau' la
no mês passado	ယခင်လ	jakhin la.

um mês atrás	ပြီးခဲ့တဲ့တစ်လကျော်	pji: ge. de. di' la. gjo
em um mês	နောက်တစ်လကျော်	nau' ti' la. gjo
em dois meses	နောက်နှစ်လကျော်	nau' hni' la. gjo
todo o mês	တစ်လလုံး	ti' la. loun
um mês inteiro	တစ်လလုံး	ti' la. loun:

mensal (adj)	လစဉ်	la. zin
mensalmente	လစဉ်	la. zin
todo mês	လတိုင်း	la. dain:
duas vezes por mês	တစ်လနှစ်ကြိမ်	ti' la. hni' kjein:

ano (m)	နှစ်	hni'
este ano	ဒီနှစ်မှာ	di hna' hma
ano que vem	နောက်နှစ်မှာ	nau' hni' hnma
no ano passado	ယခင်နှစ်မှာ	jakhin hni' hma

há um ano	ပြီးခဲ့တဲ့တစ်နှစ်ကျော်က	pji: ge. de. di' hni' kjo ga.
em um ano	နောက်တစ်နှစ်ကျော်	nau' ti' hni' gjo
dentro de dois anos	နောက်နှစ်နှစ်ကျော်	nau' hni' hni' gjo
todo o ano	တစ်နှစ်လုံး	ti' hni' loun
um ano inteiro	တစ်နှစ်လုံး	ti' hni' loun:

cada ano	နှစ်တိုင်း	hni' tain:
anual (adj)	နှစ်စဉ်ဖြစ်သော	hni' san bji' te.
anualmente	နှစ်စဉ်	hni' san
quatro vezes por ano	တစ်နှစ်လေးကြိမ်	ti' hni' lei: gjein

data (~ de hoje)	နေ့စွဲ	nei. zwe:
data (ex. ~ de nascimento)	ရက်စွဲ	je' swe:
calendário (m)	ပြက္ခဒိန်	pje' gadein
meio ano	နှစ်ဝက်	hni' we'
seis meses	နှစ်ဝက်	hni' we'

| estação (f) | ရာသီ | ja dhi |
| século (m) | ရာစု | jazu. |

22. Unidades de medida

peso (m)	အလေးချိန်	alei: gjein
comprimento (m)	အရှည်	ashei
largura (f)	အကျယ်	akje
altura (f)	အမြင့်	amjin.
profundidade (f)	အနက်	ane'
volume (m)	ထုထည်	du. de
área (f)	အကျယ်အဝန်း	akje awun:

grama (m)	ဂရမ်	ga ran
miligrama (m)	မီလီဂရမ်	mi li ga. jan
quilograma (m)	ကီလိုဂရမ်	ki lou ga jan
tonelada (f)	တန်	tan
libra (453,6 gramas)	ပေါင်	paun
onça (f)	အောင်စ	aun sa.

metro (m)	မီတာ	mi ta
milímetro (m)	မီလီမီတာ	mi li mi ta
centímetro (m)	စင်တီမီတာ	sin ti mi ta
quilômetro (m)	ကီလိုမီတာ	ki lou mi ta
milha (f)	မိုင်	main

polegada (f)	လက်မ	le' ma
pé (304,74 mm)	ပေ	pei
jarda (914,383 mm)	ကိုက်	kou'

| metro (m) quadrado | စတုရန်းမီတာ | satu. jan: mi ta |
| hectare (m) | ဟက်တာ | he' ta |

litro (m)	လီတာ	li ta
grau (m)	ဒီဂရီ	di ga ji
volt (m)	ဗို့	boi.
ampère (m)	အမ်ပီယာ	an bi ja
cavalo (m) de potência	မြင်းကောင်ရေအား	mjin: gaun jei a:

quantidade (f)	အရေအတွက်	ajei adwe'
um pouco de ...	နည်းနည်း	ne: ne:
metade (f)	တစ်ဝက်	ti' we'

| dúzia (f) | ဒါဇင် | da zin |
| peça (f) | ခု | khu. |

| tamanho (m), dimensão (f) | အတိုင်းအတာ | atain: ata |
| escala (f) | စကေး | sakei: |

mínimo (adj)	အနည်းဆုံး	ane: zoun
menor, mais pequeno	အသေးဆုံး	athei: zoun:
médio (adj)	အလယ်အလတ်	ale ala'
máximo (adj)	အများဆုံး	amja: zoun:
maior, mais grande	အကြီးဆုံး	akji: zoun:

23. Recipientes

pote (m) de vidro	ဖန်ဘူး	hpan bu:
lata (~ de cerveja)	သံဘူး	than bu:
balde (m)	ရေပုံး	jei boun:
barril (m)	စည်ပိုင်း	si bain:
bacia (~ de plástico)	ဇလုံ	za loun
tanque (m)	သံစည်	than zi
cantil (m) de bolso	အရက်ပုလင်းပြား	aje' pu lin: pja:
galão (m) de gasolina	တာဆီပုံး	da' hsi boun:
cisterna (f)	တိုင်ကီ	tain ki
caneca (f)	မတ်ခွက်	ma' khwe'
xícara (f)	ခွက်	khwe'
pires (m)	အောက်ခံပန်းကန်ပြား	au' khan ban: kan pja:
copo (m)	ဖန်ခွက်	hpan gwe'
taça (f) de vinho	ဝိုင်ခွက်	wain gwe'
panela (f)	ပေါင်းအိုး	paun: ou:
garrafa (f)	ပုလင်း	palin:
gargalo (m)	ပုလင်းလည်ပင်း	palin: le bin:
jarra (f)	ဖန်ချိုင့်	hpan gjain.
jarro (m)	ကရား	kaja:
recipiente (m)	အိုးခွက်	ou: khwe'
pote (m)	မြေအိုး	mjei ou:
vaso (m)	ပန်းအိုး	pan: ou:
frasco (~ de perfume)	ပုလင်း	palin:
frasquinho (m)	ပုလင်းကလေး	palin: galei:
tubo (m)	ဘူး	bu:
saco (ex. ~ de açúcar)	ဂုံနိအိတ်	goun ni ei'
sacola (~ plastica)	အိတ်	ei'
maço (de cigarros, etc.)	ဘူး	bu:
caixa (~ de sapatos, etc.)	စက္ကူဘူး	se' ku bu:
caixote (~ de madeira)	သေတ္တာ	thi' ta
cesto (m)	တောင်း	taun:

O SER HUMANO

O ser humano. O corpo

cabeça (f)	ခေါင်း	gaun:
rosto, cara (f)	မျက်နှာ	mje' hna
nariz (m)	နှာခေါင်း	hna gaun:
boca (f)	ပါးစပ်	pa: zi'
olho (m)	မျက်စိ	mje' si.
olhos (m pl)	မျက်စိများ	mje' si. mja:
pupila (f)	သူငယ်အိမ်	thu nge ein
sobrancelha (f)	မျက်ခုံး	mje' khoun:
cílio (f)	မျက်တောင်	mje' taun
pálpebra (f)	မျက်ခွံ	mje' khwan
língua (f)	လျှာ	sha
dente (m)	သွား	thwa:
lábios (m pl)	နှုတ်ခမ်း	hna' khan:
maçãs (f pl) do rosto	ပါးရဲ့	pa: jou:
gengiva (f)	သွားဖုံး	thwahpoun:
palato (m)	အာခေါင်	a gaun
narinas (f pl)	နှာခေါင်းပေါက်	hna gaun: bau'
queixo (m)	မေးစေ့	mei: zei.
mandíbula (f)	မေးရိုး	mei: jou:
bochecha (f)	ပါး	pa:
testa (f)	နဖူး	na. hpu:
têmpora (f)	နားထင်	na: din
orelha (f)	နားရွက်	na: jwe'
costas (f pl) da cabeça	နောက်စေ့	nau' sei.
pescoço (m)	လည်ပင်း	le bin:
garganta (f)	လည်ချောင်း	le gjaun:
cabelo (m)	ဆံပင်	zabin
penteado (m)	ဆံပင်ပုံစံ	zabin boun zan
corte (m) de cabelo	ဆံပင်ညှပ်သည့်ပုံစံ	zabin hnja' thi. boun zan
peruca (f)	ဆံပင်တု	zabin du.
bigode (m)	နှုတ်ခမ်းမွေး	hnou' khan: hmwei:
barba (f)	မုတ်ဆိတ်မွေး	mou' hsei' hmwei:
ter (~ barba, etc.)	အရှည်ထားသည်	ashei hta: de
trança (f)	ကျစ်ဆံမြီး	kji' zan mji:
suíças (f pl)	ပါးသိုင်းမွေး	pa: dhain: hmwei:
ruivo (adj)	ဆံပင်အနီရောင်ရှိသော	zabin ani jaun shi. de
grisalho (adj)	အရောင်ဖျော့သော	ajaun bjo. de.

careca (adj)	ထိပ်ပြောင်သော	htei' pjaun de.
calva (f)	ဆံပင်ကျွတ်နေသောနေရာ	zabin kju' nei dho nei ja
rabo-de-cavalo (m)	မြင်းမြီးပုံစံဆံပင်	mjin: mji: boun zan zan bin
franja (f)	ဆံရစ်	hsaji'

25. Corpo humano

mão (f)	လက်	le'
braço (m)	လက်မောင်း	le' maun:
dedo (m)	လက်ချောင်း	le' chaun:
dedo (m) do pé	ခြေချောင်း	chei gjaun:
polegar (m)	လက်မ	le' ma
dedo (m) mindinho	လက်သန်း	le' than:
unha (f)	လက်သည်းခွံ	le' the: dou' tan zin:
punho (m)	လက်သီး	le' thi:
palma (f)	လက်ဝါး	le' wa:
pulso (m)	လက်ကောက်ဝတ်	le' kau' wa'
antebraço (m)	လက်ဖျံ	le' hpjan
cotovelo (m)	တံတောင်ဆစ်	daduan zi'
ombro (m)	ပခုံး	pakhoun:
perna (f)	ခြေထောက်	chei htau'
pé (m)	ခြေထောက်	chei htau'
joelho (m)	ဒူး	du:
panturrilha (f)	ခြေသလုံးကြွက်သား	chei dha. loun: gjwe' dha:
quadril (m)	တင်ပါး	tin ba:
calcanhar (m)	ခြေဖနောင့်	chei ba. naun.
corpo (m)	ခန္ဓာကိုယ်	khan da kou
barriga (f), ventre (m)	ဗိုက်	bai'
peito (m)	ရင်ဘတ်	jin ba'
seio (m)	နို့	nou.
lado (m)	နံပါး	nan ba:
costas (dorso)	ကျော	kjo:
região (f) lombar	ခါးအောက်ပိုင်း	kha: au' pain:
cintura (f)	ခါး	kha:
umbigo (m)	ချက်	che'
nádegas (f pl)	တင်ပါး	tin ba:
traseiro (m)	နောက်ပိုင်း	nau' pain:
sinal (m), pinta (f)	မှဲ့	hme.
sinal (m) de nascença	မွေးရာပါအမှတ်	mwei: ja ba ahma'
tatuagem (f)	တက်တူး	te' tu:
cicatriz (f)	အမာရွတ်	ama ju'

Vestuário & Acessórios

26. Roupa exterior. Casacos

Português	Burmese	Transliteração
roupa (f)	အဝတ်အစား	awu' aza:
roupa (f) exterior	အပေါ်ဝတ်အက်ျိ	apo we' in: gji
roupa (f) de inverno	ဆောင်းတွင်းဝတ်အဝတ်အစား	hsaun; dwin; wu' awu' asa:
sobretudo (m)	ကုတ်အက်ျိရှည်	kou' akji shi
casaco (m) de pele	သားမွေးအနွေးထည်	tha: mwei: anwei: de
jaqueta (f) de pele	အမွေးပွအပေါ်အက်ျိ	ahmwei pwa po akji.
casaco (m) acolchoado	၄က်မွေးကုတ်အက်ျိ	hnge' hmwei: kou' akji.
casaco (m), jaqueta (f)	အပေါ်အက်ျိ	apo akji.
impermeável (m)	မိုးကာအက်ျိ	mou: ga akji
a prova d'água	ရေလုံသော	jei loun de.

27. Vestuário de homem & mulher

Português	Burmese	Transliteração
camisa (f)	ရှင်အက်ျိ	sha' in gji
calça (f)	ဘောင်းဘီ	baun: bi
jeans (m)	ဂ်င်းဘောင်းဘီ	gjin: bain: bi
paletó, terno (m)	အပေါ်အက်ျိ	apo akji.
terno (m)	အနောက်တိုင်းဝတ်စုံ	anau' tain: wu' saun
vestido (ex. ~ de noiva)	ဂါဝန်	ga wun
saia (f)	စကတ်	saka'
blusa (f)	ဘလောက်စ်အက်ျိ	ba. lau' s in: gji
casaco (m) de malha	ကြယ်သီးပါသော အနွေးထည်	kje dhi: ba de. anwei: dhe
casaco, blazer (m)	အပေါ်ဖုံးအက်ျိ	apo hpoun akji.
camiseta (f)	တီရှပ်	ti shi'
short (m)	ဘောင်းဘီတို	baun: bi dou
training (m)	အားကစားဝတ်စုံ	a: gaza: wu' soun
roupão (m) de banho	ရေချိုးခန်းဝတ်စုံ	jei gjou: gan: wu' soun
pijama (m)	ညအိပ်ဝတ်စုံ	nja a' wu' soun
suéter (m)	ဆွယ်တာ	hswe da
pulôver (m)	ဆွယ်တာ	hswe da
colete (m)	ဝစ်ကုတ်	wi' kou'
fraque (m)	တေးလ်ကုတ်အက်ျိ	tei: l kou' in: gji
smoking (m)	ညစာစားပွဲဝတ်စုံ	nja. za za: bwe: wu' soun
uniforme (m)	တူညီဝတ်စုံ	tu nji wa' soun
roupa (f) de trabalho	အလုပ်ဝင် ဝတ်စုံ	alou' win wu' zoun
macacão (m)	စက်ရုံဝတ်စုံ	se' joun wu' soun
jaleco (m), bata (f)	ဂ်ူတ်ကုတ်	gju di gou'

28. Vestuário. Roupa interior

roupa (f) íntima	အတွင်းခံ	atwin: gan
cueca boxer (f)	ယောကျ်ားဝတ်အတွင်းခံ	jau' kja: wu' atwin: gan
calcinha (f)	မိန်းကလေးဝတ်အတွင်းခံ	mein: galei: wa' atwin: gan
camiseta (f)	စွပ်ကျယ်	su' kje
meias (f pl)	ခြေအိတ်များ	chei ei' mja:
camisola (f)	ညအိပ်ဂါဝန်ရှည်	nja a' ga wun she
sutiã (m)	ဘရာစီယာ	ba ra si ja
meias longas (f pl)	ခြေအိတ်ရှည်	chei ei' shi
meias-calças (f pl)	အသားကပ်-ဘောင်းဘီရှည်	atha: ka' baun: bi shei
meias (~ de nylon)	စတော့ကင်	sato. kin
maiô (m)	ရေကူးဝတ်စုံ	jei ku: wa' zoun

29. Adereços de cabeça

chapéu (m), touca (f)	ဦးထုပ်	u: htou'
chapéu (m) de feltro	ဦးထုပ်ပျော့	u: htou' pjo.
boné (m) de beisebol	ရှာထိုးဦးထုပ်	sha dou: u: dou'
boina (~ italiana)	လူကြီးဆောင်းဦးထုပ်ပြား	lu gji: zaun: u: dou' pja:
boina (ex. ~ basca)	ဘယ်ရီဦးထုပ်	be ji u: htu'
capuz (m)	အကျီတွင်ပါသော ခေါင်းစွပ်	akji. twin pa dho: gaun: zu'
chapéu panamá (m)	ဦးထုပ်အဝိုင်း	u: htou' awain:
touca (f)	သိုးမွေးခေါင်းစွပ်	thou: mwei: gaun: zu'
lenço (m)	ခေါင်းစည်းပုဝါ	gaun: zi: bu. wa
chapéu (m) feminino	အမျိုးသမီးဆောင်းဦးထုပ်	amjou: dhami: zaun: u: htou'
capacete (m) de proteção	ဦးထုပ်အမာ	u: htou' ama
bibico (m)	တပ်မတော်သုံးဦးထုပ်	ta' mado dhoun: u: dou'
capacete (m)	အမာစားဦးထုပ်	ama za: u: htou'
chapéu-coco (m)	ဦးထုပ်လုံး	u: htou' loun:
cartola (f)	ဦးထုပ်မြင့်	u: htou' mjin.

30. Calçado

calçado (m)	ဖိနပ်	hpana'
botinas (f pl), sapatos (m pl)	ရှူးဖိနပ်	shu: hpi. na'
sapatos (de salto alto, etc.)	မိန်းကလေးစီးရှူးဖိနပ်	mein: galei: zi: shu: bi. na'
botas (f pl)	လည်ရှည်ဖိနပ်	le she bi. na'
pantufas (f pl)	အိမ်တွင်းစီးကွင်းထိုးဖိနပ်	ein dwin:
tênis (~ Nike, etc.)	အားကစားဖိနပ်	a: gaza: bana'
tênis (~ Converse)	ပတ္တူဖိနပ်	pa' tu bi. na'
sandálias (f pl)	ကြိုးသိုင်းဖိနပ်	kjou: dhain: bi. na'
sapateiro (m)	ဖိနပ်ချုပ်သမား	hpana' chou' tha ma:
salto (m)	ဒေါက်	dau'

par (m)	အစုံ	asoun.
cadarço (m)	ဖိနပ်ကြိုး	hpana' kjou:
amarrar os cadarços	ဖိနပ်ကြိုးချည်သည်	hpana' kjou: gjin de
calçadeira (f)	ဖိနပ်စီးရာတွင်သုံးသည့်ဖိနပ်တော့	hpana' si: ja dhwin dhoun: dhin. hpana' ko
graxa (f) para calçado	ဖိနပ်တိုက်ဆေး	hpana' tou' hsei:

31. Acessórios pessoais

luva (f)	လက်အိတ်	lei' ei'
mitenes (f pl)	နှစ်ကန့်လက်အိတ်	hni' kan. le' ei'
cachecol (m)	မာဖလာ	ma ba. la

óculos (m pl)	မျက်မှန်	mje' hman
armação (f)	မျက်မှန်ကိုင်း	mje' hman gain:
guarda-chuva (m)	ထီး	hti:
bengala (f)	တုတ်ကောက်	tou' kau'
escova (f) para o cabelo	ခေါင်းဘီး	gaun: bi:
leque (m)	ပန်းကန်	pan gan

gravata (f)	လည်စည်း	le zi:
gravata-borboleta (f)	ဘဲပြားပုံလည်စည်း	hpe: bja: boun le zi:
suspensórios (m pl)	ဘောင်းဘီသိုင်းကြိုး	baun: bi dhain: gjou:
lenço (m)	လက်ကိုင်ပုဝါ	le' kain bu. wa

pente (m)	ဘီး	bi:
fivela (f) para cabelo	ဆံညှပ်	hsan hnja'
grampo (m)	ကလစ်	kali'
fivela (f)	ခါးပတ်ခေါင်း	kha: ba' khaun:

cinto (m)	ခါးပတ်	kha: ba'
alça (f) de ombro	ပုခုံးသိုင်းကြိုး	pu. goun: dhain: gjou:

bolsa (f)	လက်ကိုင်အိတ်	le' kain ei'
bolsa (feminina)	မိန်းကလေးပုခုံးလွယ်အိတ်	mein: galei: bou goun: lwe ei'
mochila (f)	ကျောပိုးအိတ်	kjo: bou: ei'

32. Vestuário. Diversos

moda (f)	ဖက်ရှင်	hpe' shin
na moda (adj)	ခေတ်မီသော	khi' mi de.
estilista (m)	ဖက်ရှင်ဒီဇိုင်နာ	hpe' shin di zain na

colarinho (m)	အကျီကော်လာ	akji. ko la
bolso (m)	အိတ်ကပ်	ei' ka'
de bolso	အိတ်ဆောင်	ei' hsaun
manga (f)	အကျီလက်	akji. le'
ganchinho (m)	အကျီချွတ်ကွင်း	akji. gjei' kwin:
bragueta (f)	ဘောင်းဘီလျှာဆက်	baun: bi ja ze'

zíper (m)	ဇစ်	zi'
colchete (m)	ချိတ်ဝရာ	che' zaja

botão (m)	ကြယ်သီး	kje dhi:
botoeira (casa de botão)	ကြယ်သီးပေါက်	kje dhi: bau'
soltar-se (vr)	ပြုတ်ထွက်သည်	pjou' htwe' te

costurar (vi)	စက်ချုပ်သည်	se' khjou' te
bordar (vt)	ပန်းထိုးသည်	pan: dou: de
bordado (m)	ပန်းထိုးခြင်း	pan: dou: gjin:
agulha (f)	အပ်	a'
fio, linha (f)	အပ်ချည်	a' chi
costura (f)	ချုပ်ရိုး	chou' jou:

sujar-se (vr)	ညစ်ပေသွားသည်	nji' pei dhwa: de
mancha (f)	အစွန်းအထင်	aswan: ahtin:
amarrotar-se (vr)	တွန့်ကြေစေသည်	tun. gjei zei de
rasgar (vt)	ပေါက်ပြဲသွားသည်	pau' pje: dhwa: de
traça (f)	အဝတ်ပိုးဖလံ	awu' pou: hpa. lan

33. Cuidados pessoais. Cosméticos

pasta (f) de dente	သွားတိုက်ဆေး	thwa: tai' hsei:
escova (f) de dente	သွားတိုက်တံ	thwa: tai' tan
escovar os dentes	သွားတိုက်သည်	thwa: tai' te

gilete (f)	သင်တုန်းဓား	thin toun: da:
creme (m) de barbear	မုတ်ဆိတ်ရိတ် ဆပ်ပြာ	mou' zei' jei' hsa' pja
barbear-se (vr)	ရိတ်သည်	jei' te

sabonete (m)	ဆပ်ပြာ	hsa' pja
xampu (m)	ခေါင်းလျှော်ရည်	gaun: sho je

tesoura (f)	ကတ်ကြေး	ka' kjei:
lixa (f) de unhas	လက်သည်းတိုက်တံစဉ်း	le' the:
corta-unhas (m)	လက်သည်းညှပ်	le' the: hnja'
pinça (f)	ဇာဂနာ	za ga. na

cosméticos (m pl)	အလှကုန်ပစ္စည်း	ahla. koun pji' si:
máscara (f)	မျက်နှာပေါင်းတင်ခြင်း	mje' hna baun: din gjin:
manicure (f)	လက်သည်းအလှပြင်ခြင်း	le' the: ahla bjin gjin
fazer as unhas	လက်သည်းအလှပြင်သည်	le' the: ahla bjin de
pedicure (f)	ခြေသည်းအလှပြင်သည်	chei dhi: ahla. pjin de

bolsa (f) de maquiagem	မိတ်ကပ်အိတ်	mi' ka' ei'
pó (de arroz)	ပေါင်ဒါ	paun da
pó (m) compacto	ပေါင်ဒါဘူး	paun da bu:
blush (m)	ပါးနီ	pa: ni

perfume (m)	ရေမွှေး	jei mwei:
água-de-colônia (f)	ရေမွှေး	jei mwei:
loção (f)	လိုးရှင်း	lou shin:
colônia (f)	အော်ဒီကာလွန်းရေမွှေး	o di ka lun: jei mwei:

sombra (f) de olhos	မျက်ခွံဆိုးဆေး	mje' khwan zou: zei:
delineador (m)	အိုင်းလိုင်နာတောင့်	ain: lain: na daun.
máscara (f), rímel (m)	မျက်တောင်ခြယ်ဆေး	mje' taun gje zei:

batom (m)	နုတ်ခမ်းနီ	hna' khan: ni
esmalte (m)	လက်သည်းဆိုးဆေး	le' the: azou: zei:
laquê (m), spray fixador (m)	ဆံပင်သုံး စပ်ရေး	zabin dhoun za. ba. jei:
desodorante (m)	ချွေးနံ့ပျောက်ဆေး	chwei: nan. bjau' hsei:

creme (m)	ခရင်မ်	khajin m
creme (m) de rosto	မျက်နှာခရင်မ်	mje' hna ga. jin m
creme (m) de mãos	ဟန်ခရင်မ်	han kha. rin m
creme (m) antirrugas	အသားကြောက်ကာကွယ်ဆေး	atha: gjau' ka gwe zei:
creme (m) de dia	နေ့လိမ်းခရင်မ်	nei. lein: ga jin'm
creme (m) de noite	ညလိမ်းခရင်မ်	nja lein: khajinm
de dia	နေ့လယ်ဘက်သုံးသော	nei. le be' thoun: de.
da noite	ညဘက်သုံးသော	nja. be' thoun: de.

absorvente (m) interno	အတောင့်	ataun.
papel (m) higiênico	အိမ်သာသုံးစက္ကူ	ein dha dhoun: se' ku
secador (m) de cabelo	ဆံပင်အခြောက်ခံစက်	zabin achou' hsan za'

34. Relógios de pulso. Relógios

relógio (m) de pulso	နာရီ	na ji
mostrador (m)	နာရီဒိုက်ရွက်	na ji dai' hpwe'
ponteiro (m)	နာရီလက်တံ	na ji le' tan
bracelete (em aço)	နာရီကြိုး	na ji gjou:
bracelete (em couro)	နာရီကြိုး	na ji gjou:

pilha (f)	ဓာတ်ခဲ	da' khe:
acabar (vi)	အားကုန်သည်	a: kun de
trocar a pilha	ဘတ်ထရီလဲသည်	ba' hta ji le: de
estar adiantado	မြန်သည်	mjan de
estar atrasado	နောက်ကျသည်	nau' kja. de

relógio (m) de parede	တိုင်ကပ်နာရီ	tain ka' na ji
ampulheta (f)	သဲနာရီ	the: naji
relógio (m) de sol	နေနာရီ	nei na ji
despertador (m)	နှိုးစက်	hnou: ze'
relojoeiro (m)	နာရီပြင်ဆရာ	ma ji bjin zaja
reparar (vt)	ပြင်သည်	pjin do

Alimentação. Nutrição

35. Comida

Português	ဗမာ	Fonética
carne (f)	အသား	atha:
galinha (f)	ကြက်သား	kje' tha:
frango (m)	ကြက်ကလေး	kje' ka. lei:
pato (m)	ဘဲသား	be: dha:
ganso (m)	ဘဲငန်းသား	be: ngan: dha:
caça (f)	တောကောင်သား	to: gaun dha:
peru (m)	ကြက်ဆင်သား	kje' hsin dha:
carne (f) de porco	ဝက်သား	we' tha:
carne (f) de vitela	နွားကလေးသား	nwa: ga. lei: dha:
carne (f) de carneiro	သိုးသား	thou: tha:
carne (f) de vaca	အမဲသား	ame: dha:
carne (f) de coelho	ယုန်သား	joun dha:
linguiça (f), salsichão (m)	ဝက်အူချောင်း	we' u gjaun:
salsicha (f)	အသားချောင်း	atha: gjaun:
bacon (m)	ဝက်ဆားနယ်ခြောက်	we' has: ne gjau'
presunto (m)	ဝက်ပေါင်ခြောက်	we' paun gjau'
pernil (m) de porco	ဝက်ပေါင်ကြက်တုိက်	we' paun gje' tai'
patê (m)	အနှစ်အခဲပျော့	ahni' akhe pjo.
fígado (m)	အသည်း	athe:
guisado (m)	ကြွတ်သား	kjei' tha:
língua (f)	လျှာ	sha
ovo (m)	ဥ	u.
ovos (m pl)	ဥများ	u. mja:
clara (f) de ovo	အကာ	aka
gema (f) de ovo	အနှစ်	ahni'
peixe (m)	ငါး	nga:
mariscos (m pl)	ပင်လယ်အစားအစာ	pin le asa: asa
crustáceos (m pl)	အခွံမာရေနေသတ္တဝါ	akhun ma jei nei dha' ta. wa
caviar (m)	ငါးဥ	nga: u.
caranguejo (m)	ကကန်း	kanan:
camarão (m)	ပုစွန်	bazun
ostra (f)	ကမာကောင်	kama kaun
lagosta (f)	ကျောက်ပုစွန်	kjau' pu. zun
polvo (m)	ရေဘဝဲသား	jei ba. we: dha:
lula (f)	ပြည်ကြီးငါး	pjei gji: nga:
esturjão (m)	စတာဂျင်ငါး	sata gjin nga:
salmão (m)	ဆော်လမွန်ငါး	hso: la. mun nga:
halibute (m)	ပင်လယ်ငါးကြီးသား	pin le nga: gji: dha:
bacalhau (m)	ငါးကြီးဆီထုတ်သောငါး	nga: gji: zi dou' de. nga:

cavala, sarda (f)	မက်ကရယ်ငါး	me' ka. je nga:
atum (m)	တူနာငါး	tu na nga:
enguia (f)	ငါးရှဉ့်	nga: shin.

truta (f)	ထရောက်ငါး	hta. jau' nga:
sardinha (f)	ငါးသေတ္တာငါး	nga: dhei ta' nga:
lúcio (m)	ပိုက်ငါး	pai' nga
arenque (m)	ငါးသလောက်	nga: dha. lau'

pão (m)	ပေါင်မုန့်	paun moun.
queijo (m)	ဒိန်ခဲ	dain ge:
açúcar (m)	သကြား	dhagja:
sal (m)	ဆား	hsa:

arroz (m)	ဆန်စပါး	hsan zaba
massas (f pl)	အီတလီခေါက်ဆွဲ	ita. li khau' hswe:
talharim, miojo (m)	ခေါက်ဆွဲ	gau' hswe:

manteiga (f)	ထောပတ်	hto: ba'
óleo (m) vegetal	ဆီ	hsi
óleo (m) de girassol	နေကြာပန်းဆီ	nei gja ban: zi
margarina (f)	ဟင်းရွက်အဆီခဲ	hin: jwe' ahsi khe:

| azeitonas (f pl) | သံလွင်သီး | than lun dhi: |
| azeite (m) | သံလွင်ဆီ | than lun zi |

leite (m)	နွားနို့	nwa: nou.
leite (m) condensado	နို့ဆီ	ni. zi
iogurte (m)	ဒိန်ချဉ်	dain gjin
creme (m) azedo	နို့ချဉ်	nou. gjin
creme (m) de leite	မလိုင်	ma. lain

| maionese (f) | ခဲပျစ်ပျစ်စားဒိန်ရည် | kha' pji' pji' sa: mjein jei |
| creme (m) | ထောပတ်မလိုင် | hto: ba' ma. lein |

grãos (m pl) de cereais	နှံစားစေ့	nhnan za: zei.
farinha (f)	ဂျုံမုန့်	gjoun hmoun.
enlatados (m pl)	စည်သွပ်ပုံးများ	si dhwa' bu: mja:

flocos (m pl) de milho	ပြောင်းဖူးမုန့်ဆန်း	pjaun: bu: moun. zan:
mel (m)	ပျားရည်	pja: je
geleia (m)	ယို	jou
chiclete (m)	ပိုကေ	pi gei

36. Bebidas

água (f)	ရေ	jei
água (f) potável	သောက်ရေ	thau' jei
água (f) mineral	တတ်ဆားရည်	da' hsa: ji

sem gás (adj)	ဂတ်စ်မပါသော	ga' s ma. ba de.
gaseificada (adj)	ဂတ်စ်ပါသော	ga' s ba de.
com gás	စပါကလင်	saba ga. lin
gelo (m)	ရေခဲ	joi go:

com gelo	ရေခဲနှင့်	jei ge: hnin.
não alcoólico (adj)	အယ်ကိုဟောမပါသော	e kou ho: ma. ba de.
refrigerante (m)	အယ်ကိုဟောမဟုတ်သော သောက်စရာ	e kou ho: ma. hou' te. dhau' sa. ja
refresco (m)	အအေး	aei:
limonada (f)	လီမွန်ဖျော်ရည်	li mun hpjo ji
bebidas (f pl) alcoólicas	အယ်ကိုဟောပါဝင်သော သောက်စရာ	e kou ho: ba win de. dhau' sa. ja
vinho (m)	ဝိုင်	wain
vinho (m) branco	ဝိုင်ဖြူ	wain gju
vinho (m) tinto	ဝိုင်နီ	wain ni
licor (m)	အရက်ချိုပြင်း	aje' gjou pjin
champanhe (m)	ရှန်ပိန်	shan pein
vermute (m)	ရနံ့သင်းသောဆေးစိမ်ဝိုင်	jan dhin: dho: zei: zein wain
uísque (m)	ဝီစကီ	wi sa. gi
vodca (f)	ဗော်ကာ	bo ga
gim (m)	ဂျင်	gjin
conhaque (m)	ကော့ညက်	ko. nja'
rum (m)	ရမ်	ran
café (m)	ကော်ဖီ	ko hpi
café (m) preto	ဘလက်ကော်ဖီ	ba. le' ko: phi
café (m) com leite	ကော်ဖီနို့ရော	ko hpi ni. jo:
cappuccino (m)	ကပူချီနို	ka. pu chi ni.
café (m) solúvel	ကော်ဖီမစ်	ko hpi mi'
leite (m)	နွားနို့	nwa: nou.
coquetel (m)	ကော့တေး	ko. dei:
batida (f), milkshake (m)	မစ်ရှိတ်	mi' shei'
suco (m)	အချိုရည်	achou ji
suco (m) de tomate	ခရမ်းချဉ်သီးအချိုရည်	khajan: chan dhi: achou jei
suco (m) de laranja	လိမ္မော်ရည်	limmo ji
suco (m) fresco	အသီးဖျော်ရည်	athi: hpjo je
cerveja (f)	ဘီယာ	bi ja
cerveja (f) clara	အရောင်ဖျော့သောဘီယာ	ajaun bjau. de. bi ja
cerveja (f) preta	အရောင်ရင့်သောဘီယာ	ajaun jin. de. bi ja
chá (m)	လက်ဖက်ရည်	le' hpe' ji
chá (m) preto	လက်ဖက်နက်	le' hpe' ne'
chá (m) verde	လက်ဖက်စိမ်း	le' hpe' sein:

37. Vegetais

vegetais (m pl)	ဟင်းသီးဟင်းရွက်	hin: dhi: hin: jwe'
verdura (f)	ဟင်းခတ်အမွှေးရွက်	hin: ga' ahmwei: jwe'
tomate (m)	ခရမ်းချဉ်သီး	khajan: chan dhi:
pepino (m)	သခွါးသီး	thakhwa: dhi:
cenoura (f)	မုန်လာဥနီ	moun la u. ni

batata (f)	အာလူး	a lu:
cebola (f)	ကြက်သွန်နီ	kje' thwan ni
alho (m)	ကြက်သွန်ဖြူ	kje' thwan bju
couve (f)	ဂေါ်ဖီ	go bi
couve-flor (f)	ပန်းဂေါ်ဖီ	pan: gozi
couve-de-bruxelas (f)	ဂေါ်ဖီထုပ်အသေးစား	go bi dou' athei: za:
brócolis (m pl)	ပန်းဂေါ်ဖီအစိမ်း	pan: gozi asein:
beterraba (f)	မုန်လာဥနီလုံး	moun la u. ni loun:
berinjela (f)	ခရမ်းသီး	khajan: dhi:
abobrinha (f)	ဘူးသီး	bu: dhi:
abóbora (f)	ဖရုံသီး	hpa joun dhi:
nabo (m)	တရုတ်မုန်လာဥ	tajou' moun la u.
salsa (f)	တရုတ်နံနံပင်	tajou' nan nan bin
endro, aneto (m)	စမြိတ်ပင်	samjei' pin
alface (f)	ဆလပ်ရွက်	hsa. la' jwe'
aipo (m)	တရုတ်နံနံကြီး	tajou' nan nan gji:
aspargo (m)	ကညွတ်မာပင်	ka. nju' ma bin
espinafre (m)	ဒေါက်ခွ	dau' khwa.
ervilha (f)	ပဲစေ့	pe: zei.
feijão (~ soja, etc.)	ပဲအမျိုးမျိုး	pe: amjou: mjou:
milho (m)	ပြောင်းဖူး	pjaun: bu:
feijão (m) roxo	ဗိုလ်စားပဲ	bou za: be:
pimentão (m)	ငရုတ်သီး	nga jou' thi:
rabanete (m)	မုန်လာဥသေး	moun la u. dhei:
alcachofra (f)	အာတီချော့	a ti cho.

38. Frutos. Nozes

fruta (f)	အသီး	athi:
maçã (f)	ပန်းသီး	pan: dhi:
pera (f)	သစ်တော်သီး	thi' to dhi:
limão (m)	သံပုယိုသီး	than bu. jou dhi:
laranja (f)	လိမ္မော်သီး	limmo dhi:
morango (m)	စတော်ဘယ်ရီသီး	sato be ri dhi:
tangerina (f)	ပျားလိမ္မော်သီး	pja: lein mo dhi:
ameixa (f)	ဆီးသီး	hsi: dhi:
pêssego (m)	မက်မွန်သီး	me' mwan dhi:
damasco (m)	တရုတ်ဆီးသီး	jau' hsi: dhi:
framboesa (f)	ရက်စဘယ်ရီ	re' sa be ji
abacaxi (m)	နာနတ်သီး	na na' dhi:
banana (f)	ငှက်ပျောသီး	hnge' pjo: dhi:
melancia (f)	ဖရဲသီး	hpa. je: dhi:
uva (f)	စပျစ်သီး	zabji' thi:
ginja, cereja (f)	ချယ်ရီသီး	che ji dhi:
ginja (f)	ချယ်ရီချဉ်သီး	che ji gjin dhi:
cereja (f)	ချယ်ရီချိုသီး	che ji gjou dhi:
melão (m)	သခွားမွှေးသီး	thakhwa: hmwoi: dhi:

toranja (f)	ဂရိတ်ဖရုသီး	ga. ri' hpa. ju dhi:
abacate (m)	ထောပတ်သီး	hto: ba' thi:
mamão (m)	သဘော်ားသီး	thin: bo: dhi:
manga (f)	သရက်သီး	thaje' thi:
romã (f)	တလည်းသီး	tale: dhi:

groselha (f) vermelha	အနီရောင်ဘယ်ရီသီး	ani jaun be ji dhi:
groselha (f) negra	ဘလက်ကားရန့်	ba. le' ka: jan.
groselha (f) espinhosa	ကလားဆီးဖြူ	ka. la: his: hpju
mirtilo (m)	ဘီဘယ်ရီအသီး	bi: be ji athi:
amora (f) silvestre	ရှမ်းဆီးသီး	shan: zi: di:

passa (f)	စပျစ်သီးခြောက်	zabji' thi: gjau'
figo (m)	သဖန်းသီး	thahpjan: dhi:
tâmara (f)	စွန်ပလွံသီး	sun palun dhi:

amendoim (m)	မြေပဲ	mjei be:
amêndoa (f)	တာဒံသီး	ba dan di:
noz (f)	သစ်ကြားသီး	thi' kja: dhi:
avelã (f)	ဟောဇယ်သီး	ho: ze dhi:
coco (m)	အုန်းသီး	aun: dhi:
pistaches (m pl)	ခွမာသီး	khwan ma dhi:

39. Pão. Bolaria

pastelaria (f)	မုန့်ရှို	moun. gjou
pão (m)	ပေါင်မုန့်	paun moun.
biscoito (m), bolacha (f)	ဘီစကစ်	bi za. ki'

chocolate (m)	ချောကလက်	cho: ka. le'
de chocolate	ချောကလက်အရသာရှိသော	cho: ka. le' aja. dha shi. de.
bala (f)	သကြားလုံး	dhagja: loun:
doce (bolo pequeno)	ကိတ်	kei'
bolo (m) de aniversário	ကိတ်မုန့်	kei' moun.

torta (f)	ပိုင်မုန့်.	pain hmoun.
recheio (m)	သွပ်ထားသောအစာ	thu' hta: dho: asa

geleia (m)	ယို	jou
marmelada (f)	အထူးပြုလုပ်ထားသော ယို	a htu: bju. lou' hta: de. jou
wafers (m pl)	ဝေဖာ	wei hpa
sorvete (m)	ရေခဲမုန့်	jei ge: moun.
pudim (m)	ပူတင်း	pu tin:

40. Pratos cozinhados

prato (m)	ဟင်းပွဲ	hin: bwe:
cozinha (~ portuguesa)	အစားအသောက်	asa: athau'
receita (f)	ဟင်းချက်နည်း	hin: gji' ne:
porção (f)	တစ်ယောက်စာဟင်းပွဲ	ti' jau' sa hin: bwe:
salada (f)	အသုပ်	athou'
sopa (f)	စွပ်ပြုတ်	su' pjou'

caldo (m)	ဟင်းရည်	hin: ji
sanduíche (m)	အသားညှပ်ပေါင်မုန့်	atha: hnja' paun moun.
ovos (m pl) fritos	ကြက်ဥကြော်	kje' u. kjo

| hambúrguer (m) | ဟန်ဘာဂါ | han ba ga |
| bife (m) | အမဲသားတုံး | ame: dha: doun: |

acompanhamento (m)	အရံဟင်း	ajan hin:
espaguete (m)	အီတာလီခေါက်ဆွဲ	ita. li khau' hswe:
purê (m) de batata	အာလူးနွားနို့ဖျော်	a luu: nwa: nou. bjo
pizza (f)	ပီဇာ	pi za
mingau (m)	အုတ်ဂျုံယာဂု	ou' gjoun ja gu.
omelete (f)	ကြက်ဥခေါက်ကြော်	kje' u. khau' kjo

fervido (adj)	ပြုတ်ထားသော	pjou' hta: de.
defumado (adj)	ကင်တင်ထားသော	kja' tin da: de.
frito (adj)	ကြော်ထားသော	kjo da de.
seco (adj)	ခြောက်နေသော	chau' nei de.
congelado (adj)	အေးခဲနေသော	ei: khe: nei de.
em conserva (adj)	သားရည်စိမ်ထားသော	hsa:

doce (adj)	ချိုသော	chou de.
salgado (adj)	ငန်သော	ngan de.
frio (adj)	အေးသော	ei: de.
quente (adj)	ပူသော	pu dho:
amargo (adj)	ခါးသော	kha: de.
gostoso (adj)	အရသာရှိသော	aja. dha shi. de.

cozinhar em água fervente	ပြုတ်သည်	pjou' te
preparar (vt)	ရက်သည်	che' de
fritar (vt)	ကြော်သည်	kjo de
aquecer (vt)	အပူပေးသည်	apu bei: de

salgar (vt)	သားထည့်သည်	hsa: hte. de
apimentar (vt)	အစပ်ထည့်သည်	asin hte. dhe
ralar (vt)	ရစ်သည်	chi' te
casca (f)	အခွံ	akhun
descascar (vt)	အခွံနွာသည်	akhun hnwa de

41. Especiarias

sal (m)	သား	hsa:
salgado (adj)	ငန်သော	ngan de.
salgar (vt)	သားထည့်သည်	hsa: hte. de

pimenta-do-reino (f)	ငရုတ်ကောင်း	nga jou' kaun:
pimenta (f) vermelha	ငရုတ်သီး	nga jou' thi:
mostarda (f)	မုန်ညင်း	moun njin:
raiz-forte (f)	သဘောဒန့်သလွန်	thin: bo: dan. dha lun

condimento (m)	ဟင်းခတ်အမွှန်အမျိုးမျိုး	hin: ga' ahnun. amjou: mjou:
especiaria (f)	ဟင်းခတ်အမွှေးအကြိုင်	hin: ga' ahmwei: akjain
molho (~ inglês)	ဆော့	hso.
vinagre (m)	ရှာလကာရည်	sha la. ga je

anis estrelado (m)	စမုန်စပါးပင်	samoun zaba: bin
manjericão (m)	ပင်စိမ်း	pin zein:
cravo (m)	လေးညှင်း	lei: hnjin:
gengibre (m)	ဂျင်း	gjin:
coentro (m)	နံနံပင်	nan nan bin
canela (f)	သစ်ကြံပိုးခေါက်	thi' kjan bou: gau'

gergelim (m)	နှမ်း	hnan:
folha (f) de louro	ကရဝေးရွက်	ka ja wei: jwe'
páprica (f)	ပန်းငရွတ်မှုန့်	pan: nga. jou' hnoun.
cominho (m)	ကရဝေး	ka. ja. wei:
açafrão (m)	ကုံကုမံ	koun kou man

42. Refeições

| comida (f) | အစားအစာ | asa: asa |
| comer (vt) | စားသည် | sa: de |

café (m) da manhã	နံနက်စာ	nan ne' za
tomar café da manhã	နံနက်စာစားသည်	nan ne' za za: de
almoço (m)	နေ့လယ်စာ	nei. le za
almoçar (vi)	နေ့လယ်စာစားသည်	nei. le za za de
jantar (m)	ညစာ	nja. za
jantar (vi)	ညစာစားသည်	nja. za za: de

| apetite (m) | စားချင်စိတ် | sa: gjin zei' |
| Bom apetite! | စားကောင်းပါစေ | sa: gaun: ba zei |

abrir (~ uma lata, etc.)	ဖွင့်သည်	hpwin. de
derramar (~ líquido)	ဖိတ်ကျသည်	hpi' kja de
derramar-se (vr)	မှောက်သည်	hmau' de
ferver (vi)	ဆူပွက်သည်	hsu. bwe' te
ferver (vt)	ဆူပွက်သည်	hsu. bwe' te
fervido (adj)	ဆူပွက်ထားသော	hsu. bwe' hta: de.
esfriar (vt)	အအေးခံသည်	aei: gan de
esfriar-se (vr)	အေးသွားသည်	ei: dhwa: de

| sabor, gosto (m) | အရသာ | aja. dha |
| fim (m) de boca | ပအာမြင်း | pa. achin: |

emagrecer (vi)	ပိတ်ချသည်	wei' cha. de
dieta (f)	ဓာတ်စာ	da' sa
vitamina (f)	ဗီတာမင်	bi ta min
caloria (f)	ကယ်လိုရီ	ke lou ji
vegetariano (m)	သက်သက်လွတ်စားသူ	the' the' lu' za: dhu
vegetariano (adj)	သက်သက်လွတ်စားသော	the' the' lu' za: de.

gorduras (f pl)	အဆီ	ahsi
proteínas (f pl)	အသားဓာတ်	atha: da'
carboidratos (m pl)	ကစီဓာတ်	ka. zi da'

fatia (~ de limão, etc.)	အချပ်	acha'
pedaço (~ de bolo)	အတုံး	atoun:
migalha (f), farelo (m)	အစအန	asa an

43. Por a mesa

colher (f)	ဇွန်း	zun:
faca (f)	ဓား	da:
garfo (m)	ခက်ရင်း	khajin:
xícara (f)	ခွက်	khwe'
prato (m)	ပန်းကန်ပြား	bagan: bja:
pires (m)	အောက်ခံပန်းကန်ပြား	au' khan ban: kan pja:
guardanapo (m)	လက်သုတ်ပုဝါ	le' thou' pu. wa
palito (m)	သွားကြားထိုးတံ	thwa: kja: dou: dan

44. Restaurante

restaurante (m)	စားသောက်ဆိုင်	sa: thau' hsain
cafeteria (f)	ကော်ဖီဆိုင်	ko hpi zain
bar (m), cervejaria (f)	ဘား	ba;
salão (m) de chá	လက်ဖက်ရည်ဆိုင်	le' hpe' ji zain
garçom (m)	စားပွဲထိုး	sa: bwe: dou:
garçonete (f)	စားပွဲထိုးမိန်းကလေး	sa: bwe: dou: mein: ga. lei:
barman (m)	အရက်ဘားဝန်ထမ်း	aje' ba: wun dan:
cardápio (m)	စားသောက်ဖွယ်စာရင်း	sa: thau' hpwe za jin:
lista (f) de vinhos	ဝိုင်စာရင်း	wain za jin:
reservar uma mesa	စားပွဲကြိုတင်မှာယူသည်	sa: bwe: gjou din hma ju de
prato (m)	ဟင်းပွဲ	hin: bwe:
pedir (vt)	မှာသည်	hma de
fazer o pedido	မှာသည်	hma de
aperitivo (m)	နတ်မြိန်လေး	hna' mjein zei:
entrada (f)	နတ်မြိန်စာ	hna' mjein za
sobremesa (f)	အချိုပွဲ	achou bwe:
conta (f)	ကျသင့်ငွေ	kja. thin. ngwei
pagar a conta	ကုန်ကျငွေရှင်းသည်	koun gja ngwei shin: de
dar o troco	ပြန်အပ်သလည်	pjan an: de
gorjeta (f)	မုန့်ဖိုး	moun. bou:

Família, parentes e amigos

45. Informação pessoal. Formulários

nome (m)	အမည်	amji
sobrenome (m)	မိသားစုအမည်	mi. dha: zu. amji
data (f) de nascimento	မွေးနေ့.	mwei: nei.
local (m) de nascimento	မွေးရပ်	mwer: ja'
nacionalidade (f)	လူမျိုး	lu mjou:
lugar (m) de residência	နေရပ်ဒေသ	nei ja' da. dha.
país (m)	နိုင်ငံ	nain ngan
profissão (f)	အလုပ်အကိုင်	alou' akain
sexo (m)	လိင်	lin
estatura (f)	အရပ်	aja'
peso (m)	ကိုယ်အလေးချိန်	kou alei: chain

46. Membros da família. Parentes

mãe (f)	အမေ	amei
pai (m)	အဖေ	ahpei
filho (m)	သား	tha:
filha (f)	သမီး	thami:
caçula (f)	သမီးအငယ်	thami: ange
caçula (m)	သားအငယ်	tha: ange
filha (f) mais velha	သမီးအကြီး	thami: akji:
filho (m) mais velho	သားအကြီး	tha: akji:
irmão (m)	ညီအစ်ကို	nji a' kou
irmão (m) mais velho	အစ်ကို	akou
irmão (m) mais novo	ညီ	nji
irmã (f)	ညီအစ်မ	nji a' ma
irmã (f) mais velha	အစ်မ	ama.
irmã (f) mais nova	ညီမ	nji ma.
primo (m)	ဝမ်းကွဲအစ်ကို	wan: kwe: i' kou
prima (f)	ဝမ်းကွဲညီမ	wan: kwe: nji ma.
mamãe (f)	မေမေ	mei mei
papai (m)	ဖေဖေ	hpei hpei
pais (pl)	မိဘတွေ	mi. ba. dwei
criança (f)	ကလေး	kalei:
crianças (f pl)	ကလေးများ	kalei: mja:
avó (f)	အဘွား	ahpwa
avô (m)	အဘိုး	ahpou:

neto (m)	မြေး	mjei:
neta (f)	မြေးမ	mjei: ma.
netos (pl)	မြေးများ	mjei: mja:
tio (m)	ဦးလေး	u: lei:
tia (f)	အဒေါ်	ado
sobrinho (m)	တူ	tu
sobrinha (f)	တူမ	tu ma.
sogra (f)	ယောက္ခမ	jau' khama.
sogro (m)	ယောက္ခထီး	jau' khadi:
genro (m)	သားမက်	tha: me'
madrasta (f)	မိထွေး	mi. dwei:
padrasto (m)	ပထွေး	pahtwei:
criança (f) de colo	နို့စို့ကလေး	nou. zou. galei:
bebê (m)	ကလေးငယ်	kalei: nge
menino (m)	ကလေး	kalei:
mulher (f)	မိန်းမ	mein: ma.
marido (m)	ယောက်ျား	jau' kja:
esposo (m)	ခင်ပွန်း	khin bun:
esposa (f)	ဇနီး	zani:
casado (adj)	မိန်းမရှိသော	mein: ma. shi. de.
casada (adj)	ယောက်ျားရှိသော	jau' kja: shi de
solteiro (adj)	လူလွတ်ဖြစ်သော	lu lu' hpji te.
solteirão (m)	လူပျို	lu bjou
divorciado (adj)	တစ်ခုလပ်ဖြစ်သော	ti' khu. la' hpji' te.
viúva (f)	မုဆိုးမ	mu. zou: ma.
viúvo (m)	မုဆိုးဖို	mu. zou: bou
parente (m)	ဆွေမျိုး	hswe mjou:
parente (m) próximo	ဆွေမျိုးရင်းချာ	hswe mjou: jin: gja
parente (m) distante	ဆွေမျိုးနီးစပ်	hswe mjou: ni: za'
parentes (m pl)	မွေးရင်းများ	mwei: chin: mja:
órfão (m), órfã (f)	မိဘမဲ့	mi. ba me.
órfão (m)	မိဘမဲ့ကလေး	mi. ba me. ga lei:
órfã (f)	မိဘမဲ့ကလေးမ	mi. ba me. ga lei: ma
tutor (m)	အုပ်ထိန်းသူ	ou' htin: dhu
adotar (um filho)	သားအဖြစ်မွေးစားသည်	tha: ahpji' mwei: za: de
adotar (uma filha)	သမီးအဖြစ်မွေးစားသည်	thami: ahpji' mwei: za: de

Medicina

doença (f)	ရောဂါ	jo: ga
estar doente	ဖျားနာသည်	hpa: na de
saúde (f)	ကျန်းမာရေး	kjan: ma jei:

nariz (m) escorrendo	နာစေးခြင်း	hna zei: gjin:
amigdalite (f)	အာသီးရောင်ခြင်း	a sha. jaun gjin:
resfriado (m)	အအေးမိခြင်း	aei: mi. gjin:
ficar resfriado	အအေးမိသည်	aei: mi. de

bronquite (f)	ချောင်းဆိုးရင်ကျပ်နာ	gaun: ou: jin gja' na
pneumonia (f)	အဆုတ်ရောင်ရောဂါ	ahsou' jaun jo: ga
gripe (f)	တုပ်ကွေး	tou' kwei:

míope (adj)	အဝေးပွန်သော	awei: hmun de.
presbita (adj)	အနီးပွန်	ani: hmoun
estrabismo (m)	မျက်စိဝဲခြင်း	mje' zi. zwei gjin:
estrábico, vesgo (adj)	မျက်စိဝဲသော	mje' zi. zwei de.
catarata (f)	နာမကျန်းဖြစ်ခြင်း	na. ma. gjan: bji' chin:
glaucoma (m)	ရေတိမ်	jei dein

AVC (m), apoplexia (f)	လေသင်တုန်းဖြတ်ခြင်း	lei dhin doun: bja' chin:
ataque (m) cardíaco	နှလုံးဖောက်ပြန်မှု	hnaloun: bau' bjan hmu.
enfarte (m) do miocárdio	နှလုံးကြွက်သားပုပ်ခြင်း	hnaloun: gjwe' tha: bou' chin:
paralisia (f)	သွက်ချာပါဒ	thwe' cha ba da.
paralisar (vt)	ဆိုင်းတွဲသွားသည်	hsain: dwa dhwa: de

alergia (f)	မတည့်ခြင်း	ma. de. gjin:
asma (f)	ပန်းနာ	pan: na
diabetes (f)	ဆီးချိုရောဂါ	hsi: gjou jau ba

dor (f) de dente	သွားကိုက်ခြင်း	thwa: kai' chin:
cárie (f)	သွားပိုးစားခြင်း	thwa: pou: za: gjin:

diarreia (f)	ဝမ်းလျှောခြင်း	wan: sho: gjin:
prisão (f) de ventre	ဝမ်းချုပ်ခြင်း	wan: gjou' chin:
desarranjo (m) intestinal	ဝိုက်နာခြင်း	bai' na gjin:
intoxicação (f) alimentar	အစာအဆိပ်သင့်ခြင်း	asa: ahsei' thin. gjin:
intoxicar-se	အစားမှားခြင်း	asa: hma: gjin:

artrite (f)	အဆစ်ရောင်နာ	ahsi' jaun na
raquitismo (m)	အရိုးပျော့နာ	ajou: bjau. na
reumatismo (m)	ဒူလာ	du la
arteriosclerose (f)	နှလုံးသွေးကြော	hna. loun: twei: kjau
	အဆစ်တိခြင်း	ahsi pei' khin:

gastrite (f)	အစာအိမ်ရောင်ရမ်းနာ	asa: ein jaun jan: na
apendicite (f)	အူအတက်ရောင်ခြင်း	au hte' jaun gjin:

| colecistite (f) | သည်းခြေပြွန်ရောင်ခြင်း | thi: gjei bjun jaun gjin: |
| úlcera (f) | ဖက်ရွက်နာ | hpe' khwe' na |

sarampo (m)	ဝက်သက်	we' the'
rubéola (f)	ရျက်သိုး	gjou' thou:
icterícia (f)	အသားဝါရောဂါ	atha: wa jo: ga
hepatite (f)	အသည်းရောင်ရောဂါ	athe: jaun jau ba

esquizofrenia (f)	စိတ်ကစဉ့်ကလျားရောဂါ	sei' ga. zin. ga. lja: jo: ga
raiva (f)	ခွေးရူးပြန်ရောဂါ	khwei: ju: bjan jo: ba
neurose (f)	စိတ်မွမမွန့်ခြင်း	sei' mu ma. hman gjin:
contusão (f) cerebral	ဦးနှောက်ထိခိုက်ခြင်း	oun: hnau' hti. gai' chin:

câncer (m)	ကင်ဆာ	kin hsa
esclerose (f)	အသားမျှင်စက် မာသွားခြင်း	atha: hmjin kha' ma dwa: gjin:
esclerose (f) múltipla	အာရုံကြောပျက်စီး ရောင်ရမ်းသည့်ရောဂါ	a joun gjo: bje' si: jaun jan: dhi. jo: ga

alcoolismo (m)	အရက်နာစွဲခြင်း	aje' na zwe: gjin:
alcoólico (m)	အရက်သမား	aje' dha. ma:
sífilis (f)	ဆစ်ဖလစ်ကာလသားရောဂါ	his' hpa. li' ka la. dha: jo: ba
AIDS (f)	ကိုယ်ခံအားကျကူးစက်ရောဂါ	kou khan a: kja ku: za' jau ba

tumor (m)	အသားပို	atha: pou
maligno (adj)	ကင်ဆာဖြစ်နေသော	kin hsa bji' nei de.
benigno (adj)	ပြန့်ပွါးခြင်းမရှိသော	pjan. bwa: gjin: ma. shi. de.

febre (f)	အဖျားတက်ရောဂါ	ahpja: de' jo: ga
malária (f)	ငှက်ဖျားရောဂါ	hnge' hpja: jo: ba
gangrena (f)	ဂင်္ဂရင်းနာရောဂါ	gan ga. ji na jo: ba
enjoo (m)	လိုင်းမှူးခြင်း	hlain: mu: gjin:
epilepsia (f)	ဝက်ရူးပြန်ရောဂါ	we' ju: bjan jo: ga

epidemia (f)	ကပ်ရောဂါ	ka' jo ba
tifo (m)	တိုက်ဖိုက်ရောဂါ	tai' hpai' jo: ba
tuberculose (f)	တီဘီရောဂါ	ti bi jo: ba
cólera (f)	ကာလဝမ်းရောဂါ	ka la. wan: jau ga
peste (f) bubônica	ကပ်ဆိုး	ka' hsou:

48. Sintomas. Tratamentos. Parte 1

sintoma (m)	လက္ခကာ	le' khana
temperatura (f)	အပူချိန်	apu gjein
febre (f)	ကိုယ်အပူချိန်တက်	kou apu chain de'
pulso (m)	သွေးခုန်နှုန်း	thwei: khoun hnan:

vertigem (f)	မူးနောက်ခြင်း	mu: nau' chin:
quente (testa, etc.)	ပူသော	pu dho:
calafrio (m)	တုန်ခြင်း	toun gjin:
pálido (adj)	ဖြူရောသော	hpju jo de.

tosse (f)	ချောင်းဆိုးခြင်း	gaun: zou: gjin:
tossir (vi)	ချောင်းဆိုးသည်	gaun: zou: de
espirrar (vi)	နှာချေသည်	hna gjei do

| desmaio (m) | အားနည်းခြင်း | a: ne: gjin: |
| desmaiar (vi) | သတိလစ်သည် | dhadi. li' te |

mancha (f) preta	ပွန်းပဲ့ဒဏ်ရာ	pun: be. dan ja
galo (m)	ဆောင့်မိခြင်း	hsaun. mi. gjin:
machucar-se (vr)	ဆောင့်မိသည်	hsaun. mi. de.
contusão (f)	ပွန်းပဲ့ဒဏ်ရာ	pun: be. dan ja
machucar-se (vr)	ပွန်းပဲ့ဒဏ်ရာရသည်	pun: be. dan ja ja. de

mancar (vi)	ထော့နဲ့ထော့နဲ့လျှောက်သည်	hto. ne. hto. ne. shau' te
deslocamento (f)	အဆစ်လွဲခြင်း	ahsi' lwe: gjin:
deslocar (vt)	အဆစ်လွဲသည်	ahsi' lwe: de
fratura (f)	ကျိုးအက်ခြင်း	kjou: e' chin:
fraturar (vt)	ကျိုးအက်သည်	kjou: e' te

corte (m)	ရှသည်	sha. de
cortar-se (vr)	ရှမိသည်	sha. mi. de
hemorragia (f)	သွေးထွက်ခြင်း	thwei: htwe' chin:

| queimadura (f) | မီးလောင်သည့်ဒဏ်ရာ | mi: laun de. dan ja |
| queimar-se (vr) | မီးလောင်ဒဏ်ရာရသည် | mi: laun dan ja ja. de |

picar (vt)	ဖောက်သည်	hpau' te
picar-se (vr)	ကိုယ်တိုင်ဖောက်သည်	kou tain hpau' te
lesionar (vt)	ထိခိုက်ဒဏ်ရာရသည်	hti. gai' dan ja ja. de
lesão (m)	ထိခိုက်ဒဏ်ရာ	hti. gai' dan ja
ferida (f), ferimento (m)	ဒဏ်ရာ	dan ja
trauma (m)	စိတ်ဒဏ်ရာ	sei' dan ja

delirar (vi)	ကယောင်ကတမ်းဖြစ်သည်	kajaun ka dan: bi' te
gaguejar (vi)	တုံ့နေးတုံ့နေးဖြစ်သည်	toun. hnei: toun. hnei: bji' te
insolação (f)	အပူလျပ်ခြင်း	apu hlja' chin

49. Sintomas. Tratamentos. Parte 2

| dor (f) | နာကျင်မှု | na gjin hmu. |
| farpa (no dedo, etc.) | ပို့ထွက်သောအစ | pe. dwe' tho: asa. |

suor (m)	ချွေး	chwei:
suar (vi)	ချွေးထွက်သည်	chwei: htwe' te
vômito (m)	အန်ခြင်း	an gjin:
convulsões (f pl)	အကြောလိုက်ခြင်း	akjo: lai' chin:

grávida (adj)	ကိုယ်ဝန်ဆောင်ထားသော	kou wun hsaun da: de.
nascer (vi)	မွေးဖွားသည်	mwei: bwa: de
parto (m)	မီးဖွားခြင်း	mi: bwa: gjin:
dar à luz	မီးဖွားသည်	mi: bwa: de
aborto (m)	ကိုယ်ဝန်ဖျက်ချခြင်း	kou wun hpje' cha chin:

respiração (f)	အသက်ရှူခြင်း	athe' shu gjin:
inspiração (f)	ဝင်လေ	win lei
expiração (f)	ထွက်လေ	htwe' lei
expirar (vi)	အသက်ရှူထုတ်သည်	athe' shu dou' te
inspirar (vi)	အသက်ရှူသွင်းသည်	athe' shu dhwin: de

inválido (m)	ကိုယ်အင်္ဂါမသန်စွမ်းသူ	kou an ga ma. dhan swan: dhu
aleijado (m)	မသန်မစွမ်းသူ	ma. dhan ma. zwan dhu
drogado (m)	ဆေးစွဲသူ	hsei: zwe: dhu
surdo (adj)	နားမကြားသော	na: ma. gja: de.
mudo (adj)	ဆွံ့အသော	hsun. ade.
surdo-mudo (adj)	ဆွံ့အ နားမကြားသူ	hsun. ana: ma. gja: dhu
louco, insano (adj)	စိတ်မနှံ့သော	sei' ma. hnan. de.
louco (m)	စိတ်မနှံ့သူ	sei' ma. hnan. dhu
louca (f)	စိတ်ဝေဒနာရှင် မိန်းကလေး	sei' wei da. na shin mein: ga. lei:
ficar louco	ရှူးသွပ်သည်	ju: dhu' de
gene (m)	မျိုးရိုးဗီဇ	mjou: jou: bi za.
imunidade (f)	ကိုယ်ခံအား	kou gan a:
hereditário (adj)	မျိုးရိုးလိုက်သော	mjou: jou: lou' te.
congênito (adj)	မွေးရာပါဖြစ်သော	mwei: ja ba bji' te.
vírus (m)	ပိုင်းရပ်ပိုးများ	bain: ja' pou: hmwa:
micróbio (m)	အဏုဇီဝရုပ်	anu zi wa. jou'
bactéria (f)	ဗက်တီးရီးယားပိုး	be' ti: ji: ja: bou:
infecção (f)	ရောဂါကူးစက်မှု	jo ga gu: ze' hmu.

50. Sintomas. Tratamentos. Parte 3

hospital (m)	ဆေးရုံ	hsei: joun
paciente (m)	လူနာ	lu na
diagnóstico (m)	ရောဂါစစ်ဆေးခြင်း	jo ga zi' hsei: gjin:
cura (f)	ဆေးကုထုံး	hsei: ku. doun:
tratamento (m) médico	ဆေးဝါးကုသမှု	hsei: wa: gu. dha. hmu.
curar-se (vr)	ဆေးကုသမှုခံယူသည်	hsei: ku. dha. hmu. dha de
tratar (vt)	ပြုစုသည်	pju. zu. de
cuidar (pessoa)	ပြုစုစောင့်ရှောက်သည်	pju. zu. zaun. shau' te
cuidado (m)	ပြုစုစောင့်ရှောက်ခြင်း	pju. zu. zaun. shau' chin:
operação (f)	ခွဲစိတ်ကုသခြင်း	khwe: zeı' ku. dha. hin:
enfaixar (vt)	ပတ်တီးစည်းသည်	pa' ti: ze: de
enfaixamento (m)	ပတ်တီးစည်းခြင်း	pa' ti: ze: gjin:
vacinação (f)	ကာကွယ်ဆေးထိုးခြင်း	ka gwe hsei: dou: gjin:
vacinar (vt)	ကာကွယ်ဆေးထိုးသည်	ka gwe hsei: dou: de
injeção (f)	ဆေးထိုးခြင်း	hsei: dou: gjin:
dar uma injeção	ဆေးထိုးသည်	hsei: dou: de
ataque (~ de asma, etc.)	ရောဂါ ရှတ်တရက်ကျရောက်ခြင်း	jo ga jou' ta. je' kja. jau' chin:
amputação (f)	ဖြတ်တောက်ကုသခြင်း	hpja' tau' ku. dha gjin:
amputar (vt)	ဖြတ်တောက်ကုသသည်	hpja' tau' ku. dha de
coma (f)	မှေးမြောခြင်း	mei. mjo: gjin:
estar em coma	မှေးမြောသည်	mei. mjo: de
reanimação (f)	အသွမ်းကုန်ပြုခြင်း	aswan: boun bju. zu. bjin:
recuperar-se (vr)	ရောဂါသက်သာလာသည်	jo ga dhe' tha la de

estado (~ de saúde)	ကျန်းမာရေးအခြေအနေ	kjan: ma jei: achei a nei
consciência (perder a ~)	ပြန်လည်သတိရလာခြင်း	pjan le dhadi. ja. la. gjin:
memória (f)	မှတ်ဉာဏ်	hma' njan

tirar (vt)	နုတ်သည်	hna' te
obturação (f)	သွားပေါက်ဖာထေးမှု	thwa: bau' hpa dei: hmu.
obturar (vt)	ဖာသည်	hpa de

| hipnose (f) | အိပ်မွေ့ရခြင်း | ei' mwei. gja. gjin: |
| hipnotizar (vt) | အိပ်မွေ့ချသည် | ei' mwei. gja. de |

51. Médicos

médico (m)	ဆရာဝန်	hsa ja wun
enfermeira (f)	သူနာပြု	thu na bju.
médico (m) pessoal	ကိုယ်ရေး ဆရာဝန်	kou jei: hsaja wun

dentista (m)	သွားဆရာဝန်	thwa: hsaja wun
oculista (m)	မျက်စိဆရာဝန်	mje' si. za. ja wun
terapeuta (m)	ရောဂါရှာဖွေရေးဆရာဝန်	jo ga sha bwei jei: hsaja wun
cirurgião (m)	ခွဲစိတ်ကုဆရာဝန်	khwe: hsei' ku hsaja wun

psiquiatra (m)	စိတ်ရောဂါအထူးကုဆရာဝန်	sei' jo: ga ahtu: gu. zaja wun
pediatra (m)	ကလေးအထူးကုဆရာဝန်	kalei: ahtu: ku. hsaja wun
psicólogo (m)	စိတ်ပညာရှင်	sei' pjin nja shin
ginecologista (m)	မီးယပ်ရောဂါအထူး ကုဆရာဝန်	mi: ja' jo: ga ahtu: gu za. ja wun
cardiologista (m)	နှလုံးရောဂါအထူး ကုဆရာဝန်	hnaloun: jo: ga ahtu: gu. zaja wun

52. Medicina. Drogas. Acessórios

medicamento (m)	ဆေးဝါး	hsei: wa:
remédio (m)	ကုသခြင်း	ku. dha. gjin:
receitar (vt)	ဆေးအညွှန်းပေးသည်	hsa: ahnjun: bwe: de
receita (f)	ဆေးညွှန်း	hsei: hnjun:

comprimido (m)	ဆေးပြား	hsei: bja:
unguento (m)	လိမ်းဆေး	lein: zei:
ampola (f)	လေလုံဖန်ပုလင်းငယ်	lei loun ban bu. lin: nge
solução, preparado (m)	စပ်ဆေးရည်	sa' ei: je
xarope (m)	ဖျော်ရည်ဆီ	hpjo jei zi
cápsula (f)	ဆေးတောင့်	hsei: daun.
pó (m)	အမှုန့်	ahmoun.

atadura (f)	ပတ်တီး	pa' ti:
algodão (m)	ဝွမ်းလိပ်	gwan: lei'
iodo (m)	တင်ဂျာအိုင်ဒင်း	tin gja ein din:

curativo (m) adesivo	ပလာစတာ	pa. la sata
conta-gotas (m)	မျက်စဉ်းဆတ်ကိရိယာ	mje' zin: ba' ki. ji. ja
termômetro (m)	အပူချိန်တိုင်းကိရိယာ	apu gjein dain: gi. ji. ja

seringa (f)	ဆေးထိုးပြွတ်	hsei: dou: bju'
cadeira (f) de rodas	ဘီးတပ်ကုလားထိုင်	bi: da' ku. la: dain
muletas (f pl)	ချိုင်းထောက်	chain: dau'
analgésico (m)	အကိုက်အခဲပျောက်ဆေး	akai' akhe: pjau' hsei:
laxante (m)	ဝမ်းနုတ်ဆေး	wan: hnou' hsei:
álcool (m)	အရက်ပြ	aje' pjan
ervas (f pl) medicinais	ဆေးဖက်ဝင်အပင်များ	hsei: hpa' win apin mja:
de ervas (chá ~)	ဆေးဖက်ဝင်အပင်	hsei: hpa' win apin
	နှင့်ဆိုင်သော	hnin. zain de.

HABITAT HUMANO

Cidade

53. Cidade. Vida na cidade

cidade (f)	မြို့	mjou.
capital (f)	မြို့တော်	mjou. do
aldeia (f)	ရွာ	jwa
mapa (m) da cidade	မြို့လမ်းညွှန်မြေပုံ	mjou. lan hnjun mjei boun
centro (m) da cidade	မြို့လယ်ခေါင်	mjou. le gaun
subúrbio (m)	ဆင်ခြေဖုံးအရပ်	hsin gjei aja'
suburbano (adj)	ဆင်ခြေဖုံးအရပ်ဖြစ်သော	hsin gjei hpoun aja' hpa' te.
periferia (f)	မြို့စွန်	mjou. zun
arredores (m pl)	ပတ်ဝန်းကျင်	pa' wun: gjin:
quarteirão (m)	စည်ကားရာမြို့လယ်နေရာ	si: ga: ja mjou. le nei ja
quarteirão (m) residencial	လူနေရပ်ကွက်	lu nei ja' kwe'
tráfego (m)	ယာဉ်အသွားအလာ	jin athwa: ala
semáforo (m)	မီးပွိုင့်	mi: bwain.
transporte (m) público	ပြည်သူပိုင်ရင်းသွား ပို့ဆောင်ရေး	pji dhu bain gaji: dhwa: bou. zaun jei:
cruzamento (m)	လမ်းဆုံ	lan: zoun
faixa (f)	လူကူးမျဉ်းကြား	lu gu: mji: gja:
túnel (m) subterrâneo	မြေအောက်လမ်းကူး	mjei au' lan: gu:
cruzar, atravessar (vt)	လမ်းကူးသည်	lan: gu: de
pedestre (m)	လမ်းသွားလမ်းလာ	lan: dhwa: lan: la
calçada (f)	လူသွားလမ်း	lu dhwa: lan:
ponte (f)	တံတား	dada:
margem (f) do rio	ကမ်းနားတဝ	kan: na: da. man
fonte (f)	ရေပန်း	jei ban:
alameda (f)	ရိပ်သာလမ်း	jei' tha lan:
parque (m)	ပန်းခြံ	pan: gjan
bulevar (m)	လမ်းငယ်	lan: ge
praça (f)	ရင်ပြင်	jin bjin
avenida (f)	လမ်းမကြီး	lan: mi. gji:
rua (f)	လမ်း	lan:
travessa (f)	လမ်းသွယ်	lan: dhwe
beco (m) sem saída	လမ်းဆုံး	lan: zoun:
casa (f)	အိမ်	ein
edifício, prédio (m)	အဆောက်အဦ	ahsau' au
arranha-céu (m)	မိုးမျှော်တိုက်	mou: hmjo tou'
fachada (f)	အိမ်ရှေ့နံရံ	ein shei. nan jan

telhado (m)	အမိုး	amou:
janela (f)	ပြတင်းပေါက်	badin: pau'
arco (m)	မုခ်ဝ	mou' wa.
coluna (f)	တိုင်	tain
esquina (f)	ထောင့်	htaun.

vitrine (f)	ဆိုင်ရှေ့ပစ္စည်း အခင်းအကျင်း	hseun shei. bji' si: akhin: akjin:
letreiro (m)	ဆိုင်းဘုတ်	hsain: bou'
cartaz (do filme, etc.)	ပိုစတာ	pou sata
cartaz (m) publicitário	ကြော်ငြာပိုစတာ	kjo nja bou sata
painel (m) publicitário	ကြော်ငြာဆိုင်းဘုတ်	kjo nja zain: bou'

lixo (m)	အမှိုက်	ahmai'
lata (f) de lixo	အမှိုက်ပုံး	ahmai' poun:
jogar lixo na rua	လွှင့်ပစ်သည်	hlwin. bi' te
aterro (m) sanitário	အမှိုက်ပုံ	ahmai' poun

orelhão (m)	တယ်လီဖုန်းဆက်ရန်နေရာ	te li hpoun: ze' jan nei ja
poste (m) de luz	လမ်းမီး	lan: mi:
banco (m)	ခုံတန်းရှည်	khoun dan: shei

polícia (m)	ရဲ	je:
polícia (instituição)	ရဲ	je:
mendigo, pedinte (m)	သူတောင်းစား	thu daun: za:
desabrigado (m)	အိမ်ယာမဲ့	ein ja me.

54. Instituições urbanas

loja (f)	ဆိုင်	hsain
drogaria (f)	ဆေးဆိုင်	hsei: zain
ótica (f)	မျက်မှန်ဆိုင်	mje' hman zain
centro (m) comercial	ရေးဝင်စင်တာ	zei: wun zin da
supermercado (m)	ကုန်တိုက်ကြီး	koun dou' kji:

padaria (f)	မုန့်တိုက်	moun. dai'
padeiro (m)	ပေါင်မုန့်ဖုတ်သူ	paun moun. bou' dhu
pastelaria (f)	မုန့်ဆိုင်	moun. zain
mercearia (f)	ကုန်စုံဆိုင်	koun zoun zain
açougue (m)	အသားဆိုင်	atha: ain

| fruteira (f) | ဟင်းသီးဟင်းရွက်ဆိုင် | hin: dhi: hin: jwe' hsain |
| mercado (m) | ဈေး | zei: |

cafeteria (f)	ကော်ဖီဆိုင်	ko hpi zain
restaurante (m)	စားသောက်ဆိုင်	sa: thau' hsain
bar (m)	ဘီယာဆိုင်	bi ja zain:
pizzaria (f)	ပီဇာမုန့်ဆိုင်	pi za moun. zain

salão (m) de cabeleireiro	ဆံပင်ညှိဆိုင်	zain hnja' hsain
agência (f) dos correios	စာတိုက်	sa dai'
lavanderia (f)	အဝတ်အခြောက်လျှော်လုပ်ငန်း	awu' achou' hlo: lou' ngan:
estúdio (m) fotográfico	ဓာတ်ပုံရိုက်ခန်း	da' poun jai' khan:
sapataria (f)	ဖိနပ်ဆိုင်	hpana' sain

livraria (f)	စာအုပ်ဆိုင်	sa ou' hsain
loja (f) de artigos esportivos	အားကစားပစ္စည်းဆိုင်	a: gaza: pji' si: zain
costureira (m)	စက်ပြင်ဆိုင်	se' pjin zain
aluguel (m) de roupa	ဝတ်စုံအငှါးဆိုင်	wa' zoun ahnga: zain
videolocadora (f)	အခွေငှါးဆိုင်	akhwei hnga: zain:
circo (m)	ဆပ်ကပ်	hsa' ka'
jardim (m) zoológico	တိရိစ္ဆာန်ဥယျာဉ်	tharei' hsan u. jin
cinema (m)	ရုပ်ရှင်ရုံ	jou' shin joun
museu (m)	ပြတိုက်	pja. dai'
biblioteca (f)	စာကြည့်တိုက်	sa gji. dai'
teatro (m)	ကဇာတ်ရုံ	ka. za' joun
ópera (f)	အော်ပရာဇာတ်ရုံ	o pa ra za' joun
boate (casa noturna)	နိက်ကလပ်	nai' ka. la'
cassino (m)	လောင်းကစားရုံ	laun: gaza: joun
mesquita (f)	ဗလီ	bali
sinagoga (f)	ရှူးဒီဘုရား	ja. hu di bu. ja:
	ရှိုးကျောင်း	shi. gou: gjaun:
catedral (f)	ဘုရားရှိခိုးကျောင်းတော်	hpaja: gjaun: do:
templo (m)	ဘုရားကျောင်း	hpaja: gjaun:
igreja (f)	ဘုရားကျောင်း	hpaja: gjaun:
faculdade (f)	တက္ကသိုလ်	te' kathou
universidade (f)	တက္ကသိုလ်	te' kathou
escola (f)	စာသင်ကျောင်း	sa dhin gjaun:
prefeitura (f)	စီရင်စုနယ်	si jin zu. ne
câmara (f) municipal	မြို့တော်ခန်းမ	mjou. do gan: ma.
hotel (m)	ဟိုတယ်	hou te
banco (m)	ဘဏ်	ban
embaixada (f)	သံရုံး	than joun:
agência (f) de viagens	ခရီးသွားလုပ်ငန်း	khaji: thwa: lou' ngan:
agência (f) de informações	သတင်းအချက်အလက်ဌာန	dhadin: akje' ale' hta. na.
casa (f) de câmbio	ငွေလဲရန်နေရာ	ngwei le: jan nei ja
metrô (m)	မြေအောက်ဥမင်လမ်း	mjei au' u. min lan:
hospital (m)	ဆေးရုံ	hsei: joun
posto (m) de gasolina	ဆီဆိုင်	hsi: zain
parque (m) de estacionamento	ကားပါကင်	ka: pa kin

55. Sinais

letreiro (m)	ဆိုင်းဘုတ်	hsain: bou'
aviso (m)	သတိပေးစာ	dhadi. pei: za
cartaz, pôster (m)	ပိုစတာ	pou sata
placa (f) de direção	လမ်းညွှန်	lan: hnjun
seta (f)	လမ်းညွှန်မြား	lan: hnjun hmja:
aviso (advertência)	သတိပေးခြင်း	dhadi. pei: gjin:
sinal (m) de aviso	သတိပေးချက်	dhadi. pei: gje'

avisar, advertir (vt)	သတိပေးသည်	dhadi. pei: de
dia (m) de folga	ရုံပိတ်ရက်	joun: bei' je'
horário (~ dos trens, etc.)	အချိန်ဇယား	achein zaja:
horário (m)	ဖွင့်ချိန်	hpwin. gjin

BEM-VINDOS!	ကြိုဆိုပါသည်	kjou hsou ba de
ENTRADA	ဝင်ပေါက်	win bau'
SAÍDA	ထွက်ပေါက်	htwe' pau'

EMPURRE	တွန်းသည်	tun: de
PUXE	ဆွဲသည်	hswe: de
ABERTO	ဖွင့်သည်	hpwin. de
FECHADO	ပိတ်သည်	pei' te

| MULHER | အမျိုးသမီးသုံး | amjou: dhami: dhoun: |
| HOMEM | အမျိုးသားသုံး | amjou: dha: dhoun: |

DESCONTOS	လျှော့ဈေး	sho. zei:
SALDOS, PROMOÇÃO	လျှော့ဈေး	sho. zei:
NOVIDADE!	အသစ်	athi'
GRÁTIS	အခမဲ့	akha me.

ATENÇÃO!	သတိ	thadi.
NÃO HÁ VAGAS	အလွတ်မရှိ	alu' ma shi.
RESERVADO	ကြိုတင်မှာယူထားပြီး	kjou tin hma ju da: bji:

| ADMINISTRAÇÃO | စီမံအုပ်ချုပ်ခြင်း | si man ou' chou' chin: |
| SOMENTE PESSOAL AUTORIZADO | အမှုထမ်းအတွက်အသာ | ahmu. htan: atwe' atha |

CUIDADO CÃO FEROZ	ခွေးကိုက်တတ်သည်	khwei: kai' ta' te
PROIBIDO FUMAR!	ဆေးလိပ်မသောက်ရ	hsei: lei' ma. dhau' ja.
NÃO TOCAR	မထိရ	ma. di. ja.

PERIGOSO	အန္တရာယ်ရှိသည်	an dare shi. de.
PERIGO	အန္တရာယ်	an dare
ALTA TENSÃO	ဗို့အားပြင်း	bou. a: bjin:
PROIBIDO NADAR	ရေမကူးရ	jei ma. gu: ja.
COM DEFEITO	ပျက်နေသည်	pje' nei de

INFLAMÁVEL	မီးလောင်တတ်သည်	mi: laun da' te
PROIBIDO	တားမြစ်သည်	ta: mji' te
ENTRADA PROIBIDA	မကျူးကျော်ရ	ma. gju: gjo ja
CUIDADO TINTA FRESCA	ဆေးမခြောက်သေး	hsei: ma. gjau' dhei:

56. Transportes urbanos

ônibus (m)	ဘတ်စ်ကား	ba's ka:
bonde (m) elétrico	ဓာတ်ရထား	da' ja hta:
trólebus (m)	ဓာတ်ကား	da' ka:
rota (f), itinerário (m)	လမ်းကြောင်း	lan: gjaun:
número (m)	ကားနံပါတ်	ka: nan ba'
ir de ... (carro, etc.)	ယဉ်စီးသည်	jin zi: de
entrar no ...	ကိုင်သည်	htain do

descer do ...	ကားပေါ်မှဆင်းသည်	ka: bo hma. zin: de
parada (f)	မှတ်တိုင်	hma' tain
próxima parada (f)	နောက်မှတ်တိုင်	nau' hma' tain
terminal (m)	အဆုံးမှတ်တိုင်	ahsoun: hma' tain
horário (m)	အချိန်ဇယား	achein zaja:
esperar (vt)	စောင့်သည်	saun. de

passagem (f)	လက်မှတ်	le' hma'
tarifa (f)	ယာဉ်စီးခ	jin zi: ga.

bilheteiro (m)	ငွေကိုင်	ngwei gain
controle (m) de passagens	လက်မှတ်စစ်ဆေးခြင်း	le' hma' ti' hsei: chin
revisor (m)	လက်မှတ်စစ်ဆေးသူ	le' hma' ti' hsei: dhu:

atrasar-se (vr)	နောက်ကျသည်	nau' kja. de
perder (o autocarro, etc.)	ကားနောက်ကျသည်	ka: nau' kja de
estar com pressa	အမြန်လုပ်သည်	aman lou' de

táxi (m)	တက္ကစီ	te' kasi
taxista (m)	တက္ကစီမောင်းသူ	te' kasi maun: dhu
de táxi (ir ~)	တက္ကစီဖြင့်	te' kasi hpjin.
ponto (m) de táxis	တက္ကစီရပ်	te' kasi zu. ja'
chamar um táxi	တက္ကစီခေါ်သည်	te' kasi go de
pegar um táxi	တက္ကစီငှားသည်	te' kasi hnga: de

tráfego (m)	ယာဉ်အသွားအလာ	jin athwa: ala
engarrafamento (m)	ယာဉ်ကြောပိတ်ဆို့မှု	jin gjo: bei' hsou. hmu.
horas (f pl) de pico	အလုပ်ဆင်းချိန်	alou' hsin: gjain
estacionar (vi)	ယာဉ်ရပ်နားရန်နေရာယူသည်	jin ja' na: jan nei ja ju de
estacionar (vt)	ကားအားပါကင်ထိုးသည်	ka: a: pa kin dou: de
parque (m) de estacionamento	ပါကင်	pa gin

metrô (m)	မြေအောက်ဥမင်လမ်း	mjei au' u. min lan:
estação (f)	ဘူတာရုံ	bu da joun
ir de metrô	မြေအောက်ရထားဖြင့်သွားသည်	mjei au' ja. da: bjin. dhwa: de
trem (m)	ရထား	jatha:
estação (f) de trem	ရထားဘူတာရုံ	jatha: buda joun

57. Turismo

monumento (m)	ရုပ်တု	jou' tu.
fortaleza (f)	ခံတပ်ကြီး	khwan da' kji:
palácio (m)	နန်းတော်	nan do
castelo (m)	ရဲတိုက်	je: dai'
torre (f)	မျှော်စင်	hmjo zin
mausoléu (m)	ဂူဗိမာန်	gu bi. man

arquitetura (f)	ဗိသုကာပညာ	bi. thu. ka pjin nja
medieval (adj)	အလယ်ခေတ်နှင့်ဆိုင်သော	ale khei' hnin. zain de.
antigo (adj)	ရှေးကျသော	shei: gja. de
nacional (adj)	အမျိုးသားနှင့်ဆိုင်သော	amjou: dha: hnin. zain de.
famoso, conhecido (adj)	နာမည်ကြီးသော	na me gji: de.
turista (m)	ကမ္ဘာလှည့်ခရီးသည်	ga ba hli. kha. ji: de
guia (pessoa)	လမ်းညွှန်	lan: hnjun

excursão (f)	လှေလာရေးခရီး	lei. la jei: gaji:
mostrar (vt)	ပြသည်	pja. de
contar (vt)	ပြောပြသည်	pjo: bja. de

encontrar (vt)	ရှာတွေ့သည်	sha dwei. de
perder-se (vr)	ပျောက်သည်	pjau' te
mapa (~ do metrô)	မြေပုံ	mjei boun
mapa (~ da cidade)	မြေပုံ	mjei boun

lembrança (f), presente (m)	အမှတ်တရလက်ဆောင်ပစ္စည်း	ahma' ta ra le' hsaun pji' si:
loja (f) de presentes	လက်ဆောင်ပစ္စည်းဆိုင်	le' hsaun pji' si: zain
tirar fotos, fotografar	ဓာတ်ပုံရိုက်သည်	da' poun jai' te
fotografar-se (vr)	ဓာတ်ပုံရိုက်သည်	da' poun jai' te

58. Compras

comprar (vt)	ဝယ်သည်	we de
compra (f)	ဝယ်စရာ	we zaja
fazer compras	ဈေးဝယ်ထွက်ခြင်း	zei: we htwe' chin:
compras (f pl)	ရှော့ပင်း	sho. bin:

estar aberta (loja)	ဆိုင်ဖွင့်သည်	hsain bwin. de
estar fechada	ဆိုင်ပိတ်သည်	hseun bi' te

calçado (m)	ဖိနပ်	hpana'
roupa (f)	အဝတ်အစား	awu' aza:
cosméticos (m pl)	အလှကုန်ပစ္စည်း	ahla. koun pji' si:
alimentos (m pl)	စားသောက်ကုန်	sa: thau' koun
presente (m)	လက်ဆောင်	le' hsaun

vendedor (m)	ရောင်းသူ	jaun: dhu
vendedora (f)	ရောင်းသူ	jaun: dhu

caixa (f)	ငွေရှင်းရန်နေရာ	ngwei shin: jan nei ja
espelho (m)	မှန်	hman
balcão (m)	ကောင်တာ	kaun da
provador (m)	အဝတ်လဲရန်း	awu' le: gan:

provar (vt)	တိုင်းကြည့်သည်	tain: dhi. de
servir (roupa, caber)	သင့်တော်သည်	thin. do de
gostar (apreciar)	ကြိုက်သည်	kjai' de

preço (m)	ဈေးနှုန်း	zei: hnan:
etiqueta (f) de preço	ဈေးနှုန်းကတ်ပြား	zei: hnan: ka' pja:
custar (vt)	ကုန်ကျသည်	koun mja. de
Quanto?	ဘယ်လောက်လဲ	be lau' le:
desconto (m)	လျှော့ဈေး	sho. zei:

não caro (adj)	ဈေးမကြီးသော	zei: ma. kji: de.
barato (adj)	ဈေးပေါသော	zei: po: de.
caro (adj)	ဈေးကြီးသော	zei: kji: de.
É caro	ဒါဈေးကြီးတယ်	da zei: gji: de
aluguel (m)	ငှားရမ်းခြင်း	hna: jan: chin:
alugar (roupas, etc.)	ငှားရမ်းသည်	hna: jan: de

57

| crédito (m) | အကြေးစနစ် | akjwei: sani' |
| a crédito | အကြေးစနစ်ဖြင့် | akjwei: sa ni' hpjin. |

59. Dinheiro

dinheiro (m)	ပိုက်ဆံ	pai' hsan
câmbio (m)	လဲလှယ်ခြင်း	le: hle gjin:
taxa (f) de câmbio	ငွေလဲနန်း	ngwei le: hnan:
caixa (m) eletrônico	အလိုအလျောက်ငွေထုတ်စက်	alou aljau' ngwei htou' se'
moeda (f)	အကြွေစေ့	akjwei zei.

| dólar (m) | ဒေါ်လာ | do la |
| euro (m) | ယူရို | ju rou |

lira (f)	အီတလီ လိုင်ရာငွေ	ita. li lain ja ngwei
marco (m)	ဂျာမန်မတ်ငွေ	gja man ma' ngwei
franco (m)	ဖရန့်	hpa. jan.
libra (f) esterlina	စတာလင်ပေါင်	sata lin baun
iene (m)	ယန်း	jan:

dívida (f)	အကြွေး	akjwei:
devedor (m)	မြီစား	mji za:
emprestar (vt)	ရေးသည်	chei: de
pedir emprestado	အကြွေးယူသည်	akjwei: ju de

banco (m)	ဘက်	ban
conta (f)	ငွေစာရင်း	ngwei za jin:
depositar (vt)	ထည့်သည်	hte de.
depositar na conta	ငွေသွင်းသည်	ngwei dhwin: de
sacar (vt)	ငွေထုတ်သည်	ngwei dou' te

cartão (m) de crédito	အကြွေးဝယ်ကဒ်ပြား	akjwei: we ka' pja
dinheiro (m) vivo	လက်ငင်း	le' ngin:
cheque (m)	ချက်	che'
passar um cheque	ချက်ရေးသည်	che' jei: de
talão (m) de cheques	ချက်စာအုပ်	che' sa ou'

carteira (f)	ပိုက်ဆံအိတ်	pai' hsan ei'
niqueleira (f)	ပိုက်ဆံအိတ်	pai' hsan ei'
cofre (m)	မီးခံသေတ္တာ	mi: gan dhi' ta

herdeiro (m)	အမွေစားအမွေခံ	amwei za: amwei gan
herança (f)	အမွေဆက်ခံခြင်း	amwei ze' khan gjin:
fortuna (riqueza)	အခွင့်အလမ်း	akhwin. alan:

arrendamento (m)	အိမ်ငှါး	ein hnga:
aluguel (pagar o ~)	အခန်းငှါးခ	akhan: hnga: ga
alugar (vt)	ငှါးသည်	hnga: de

preço (m)	ဈေးနှုန်း	zei: hnan:
custo (m)	ကုန်ကျစရိတ်	koun gja. za. ji'
soma (f)	ပေါင်းလဒ်	paun: la'
gastar (vt)	သုံးစွဲသည်	thoun: zwe: de
gastos (m pl)	စရိတ်စက	zaei: zaga.

economizar (vi)	ချွေတာသည်	chwei da de
econômico (adj)	တွက်ခြေကိုက်သော	twe' chei kai' te.
pagar (vt)	ပေးရွေသည်	pei: gjei de
pagamento (m)	ပေးရွေသည့်ငွေ	pei: gjei de. ngwei
troco (m)	ပြန်အမ်းငွေ	pjan an: ngwe
imposto (m)	အခွန်	akhun
multa (f)	ဒဏ်ငွေ	dan ngwei
multar (vt)	ဒဏ်ရိုက်သည်	dan jai' de

60. Correios. Serviço postal

agência (f) dos correios	စာတိုက်	sa dai'
correio (m)	မေးလ်	mei: l
carteiro (m)	စာပို့သမား	sa bou. dhama:
horário (m)	ဖွင့်ချိန်	hpwin. gjin
carta (f)	စာ	sa
carta (f) registada	မှတ်ပုံတင်ပြီးသောစာ	hma' poun din bji: dho: za:
cartão (m) postal	ပို့စကဒ်	pou. sa. ka'
telegrama (m)	ကြေးနန်း	kjei: nan:
encomenda (f)	ပါဆယ်	pa ze
transferência (f) de dinheiro	ငွေလွှဲခြင်း	ngwei hlwe: gjin:
receber (vt)	လက်ခံရရှိသည်	le' khan ja. shi. de
enviar (vt)	ပို့သည်	pou. de
envio (m)	ပို့ခြင်း	pou. gjin:
endereço (m)	လိပ်စာ	lei' sa
código (m) postal	စာပို့သင်္ကေတ	sa bou dhin kei ta.
remetente (m)	ပို့သူ	pou. dhu
destinatário (m)	လက်ခံသူ	le' khan dhu
nome (m)	အမည်	amji
sobrenome (m)	မိသားစု မျိုးရိုးနာမည်	mi. dha: zu. mjou: jou: na mji
tarifa (f)	စာပို့ နှုန်းထား	sa bou. kha. hnan: da:
ordinário (adj)	စံနှုန်းသတ်မှတ်ထားသော	san hnoun: dha' hma' hta: de.
econômico (adj)	ကုန်ကျငွေသက်သာသော	koun gja ngwe dhe' dha de.
peso (m)	အလေးချိန်	alei: gjein
pesar (estabelecer o peso)	ချိန်သည်	chein de
envelope (m)	စာအိတ်	sa ei'
selo (m) postal	တံဆိပ်ခေါင်း	da zei' khaun:
colar o selo	တံဆိပ်ခေါင်းကပ်သည်	da zei' khaun: ka' te

59

Moradia. Casa. Lar

61. Casa. Eletricidade

eletricidade (f)	လျှပ်စစ်ဓာတ်အား	hlja' si' da' a:
lâmpada (f)	မီးသီး	mi: dhi:
interruptor (m)	ဆလွတ်	khalou'
fusível, disjuntor (m)	ဖျူးစ်	hpju: s
fio, cabo (m)	ဝိုင်ယာကြိုး	wain ja gjou:
instalação (f) elétrica	လျှပ်စစ်ကြိုးသွယ်တန်းမှု	hlja' si' kjou: dhwe dan: hmu
medidor (m) de eletricidade	လျှပ်စစ်မီတာ	hlja' si' si da
indicação (f), registro (m)	ပြဿာပမာဏ	pja. dho: ba ma na.

62. Moradia. Mansão

casa (f) de campo	တောအိမ်	to: ein
vila (f)	ကမ်းခြေအပန်းဖြေအိမ်	kan: gjei apan: hpjei ein
ala (~ do edifício)	တံစက်မြိတ်	toun ze' mei'
jardim (m)	ဥယျာဉ်	u. jin
parque (m)	ပန်းခြံ	pan: gjan
estufa (f)	ဖန်လုံအိမ်	hpan ain
cuidar de …	ပြုစုစောင့်ရှောက်သည်	pju. zu. zaun. shau' te
piscina (f)	ရေကူးကန်	jei ku: gan
academia (f) de ginástica	အိမ်တွင်း ကျန်းမာ ရေးလေ့ကျင့်ရှုံ	ein dwin: gjan: ma jei: lei. gjin. joun
quadra (f) de tênis	တင်းနစ်ကွင်း	tin: ni' kwin:
cinema (m)	အိမ်တွင်း ရုပ်ရှင်ရုံ	ein dwin: jou' shin joun
garagem (f)	ဂိုဒေါင်	gou daun
propriedade (f) privada	တစ်သီးပုဂ္ဂလိက ပိုင်ဆိုင်မှုပစ္စည်း	tadhi: pou' ga li ka. bain: zain mjei pji' si:
terreno (m) privado	တစ်သီးပုဂ္ဂလိကပိုင်နယ်မြေ	tadhi: pou' ga li ka. bain: mjei
advertência (f)	သတိပေးချက်	dhadi. pei: gje'
sinal (m) de aviso	သတိပေးဆိုင်းပုဒ်	dhadi. pei: zain: bou'
guarda (f)	လုံခြုံရေး	loun gjoun jei:
guarda (m)	လုံခြုံရေးအစောင့်	loun gjoun jei: asaun.
alarme (m)	သတိလှန့် ခေါင်းလောင်း	thu khou: hlan. khaun: laun:

63. Apartamento

apartamento (m)	တိုက်ခန်း	tai' khan:
quarto, cômodo (m)	အခန်း	akhan:

Português	Birmanês	Transcrição
quarto (m) de dormir	အိပ်ခန်း	ei' khan:
sala (f) de jantar	ထမင်းစားခန်း	htamin: za: gan:
sala (f) de estar	ဧည့်ခန်း	e. gan:
escritório (m)	အိမ်တွင်းရုံးခန်းလေး	ein dwin: joun: gan: lei:
sala (f) de entrada	ဝင်ပေါက်	win bau'
banheiro (m)	ရေချိုးခန်း	jei gjou gan:
lavabo (m)	အိမ်သာ	ein dha
teto (m)	မျက်နှာကျက်	mje' hna gje'
chão, piso (m)	ကြမ်းပြင်	kan: pjin
canto (m)	ထောင့်	htaun.

64. Mobiliário. Interior

Português	Birmanês	Transcrição
mobiliário (m)	ပရိဘောဂ	pa ri. bo: ga.
mesa (f)	စားပွဲ	sa: bwe:
cadeira (f)	ကုလားထိုင်	kala; dain
cama (f)	ကုတင်	ku din
sofá, divã (m)	ဆိုဖာ	hsou hpa
poltrona (f)	လက်တင်ပါသောကုလားထိုင်	le' tin ba dho: ku. la: dain
estante (f)	စာအုပ်စင်	sa ou' sin
prateleira (f)	စင်	sin
guarda-roupas (m)	ဝိုရှ	bi jou
cabide (m) de parede	နံရံကပ်အဝတ်ရိတ်စင်	nan jan ga' awu' gei' zin
cabideiro (m) de pé	အဝတ်ရိတ်စင်	awu' gjei' sin
cômoda (f)	အံဆွဲပါ မှန်တင်ခုံ	an. zwe: pa hman din khoun
mesinha (f) de centro	စားပွဲပု	sa: bwe: bu.
espelho (m)	မှန်	hman
tapete (m)	ကော်ဖေ	ko zo:
tapete (m) pequeno	ကော်ဖေ	ko zo:
lareira (f)	မီးလင်းဗို	mi: lin: bou
vela (f)	ဖယောင်းတိုင်	hpa. jaun dain
castiçal (m)	ဖယောင်းတိုင်စိုက်သောတိုင်	hpa. jaun dain zou' tho dain
cortinas (f pl)	ခန်းဆီးရည်	khan: zi: shei
papel (m) de parede	နံရံကပ်စက္ကူ	nan jan ga' se' ku
persianas (f pl)	ယင်းလိပ်	jin: lei'
luminária (f) de mesa	စားပွဲတင်မီးအိမ်	sa: bwe: din mi: ein
luminária (f) de parede	နံရံကပ်မီး	nan jan ga' mi:
abajur (m) de pé	မတ်တပ်မီးစလောင်း	ma' ta' mi: za. laun:
lustre (m)	မီးပန်းဆိုင်း	mi: ban: zain:
pé (de mesa, etc.)	ခြေထောက်	chei htau'
braço, descanso (m)	လက်တန်း	le' tan:
costas (f pl)	နောက်မီ	nau' mi
gaveta (f)	အံဆွဲ	an. zwe:

65. Quarto de dormir

roupa (f) de cama	အိပ်ရာခင်းများ	ei' ja khin: mja:
travesseiro (m)	ခေါင်းအုံး	gaun: oun:
fronha (f)	ခေါင်းအုပ်	gaun: zu'
cobertor (m)	စောင်	saun
lençol (m)	အိပ်ရာခင်း	ei' ja khin:
colcha (f)	အိပ်ရာဖုံး	ei' ja hpoun:

66. Cozinha

cozinha (f)	မီးဖိုခန်း	mi: bou gan:
gás (m)	ဓာတ်ငွေ့	da' ngwei.
fogão (m) a gás	ဂတ်စ်မီးဖို	ga' s mi: bou
fogão (m) elétrico	လျပ်စစ်မီးဖို	hlja' si' si: bou
forno (m)	မုန့်ဖုတ်ရန်ဖို	moun. bou' jan bou
forno (m) de micro-ondas	မိုက်ခရိုဝေ့ဗ်	mou' kha. jou wei. b

geladeira (f)	ရေခဲသေတ္တာ	je ge: dhi' ta
congelador (m)	ရေခဲခန်း	jei ge: gan:
máquina (f) de lavar louça	ပန်းကန်ဆေးစက်	bagan: zei: ze'

moedor (m) de carne	အသားကြိတ်စက်	atha: kjei' za'
espremedor (m)	အသီးဖျော်စက်	athi: hpjo ze'
torradeira (f)	ပေါင်မုန့်ကင်စက်	paun moun. gin ze'
batedeira (f)	မွှေစက်	hmwei ze'

máquina (f) de café	ကော်ဖီဖျော်စက်	ko hpi hpjo ze'
cafeteira (f)	ကော်ဖီအိုး	ko hpi ou:
moedor (m) de café	ကော်ဖီကြိတ်စက်	ko hpi kjei ze'

chaleira (f)	ရေနွေးကရားအိုး	jei nwei: gaja: ou:
bule (m)	လက်ဘက်ရည်အိုး	le' be' ji ou:
tampa (f)	အိုးအဖုံး	ou: ahpoun:
coador (m) de chá	လက်ဖက်ရည်စစ်	le' hpe' ji zi'

colher (f)	ဇွန်း	zun:
colher (f) de chá	လက်ဖက်ရည်ဇွန်း	le' hpe' ji zwan:
colher (f) de sopa	အရည်သောက်ဇွန်း	aja: dhau' zun:
garfo (m)	ခက်ရင်း	khajin:
faca (f)	ဓား	da:

louça (f)	အိုးခွက်ပန်းကန်	ou: kwe' pan: gan
prato (m)	ပန်းကန်ပြား	bagan: bja:
pires (m)	အောက်ခံပန်းကန်ပြား	au' khan ban: kan pja:

cálice (m)	ဖန်ခွက်	hpan gwe'
copo (m)	ဖန်ခွက်	hpan gwe'
xícara (f)	ခွက်	khwe'

açucareiro (m)	သကြားခွက်	dhagja: khwe'
saleiro (m)	ဆားဘူး	hsa: bu:
pimenteiro (m)	ငြုတ်ကောင်းဘူး	njou' kaun: bu:

manteigueira (f)	ထောပတ်စွက်	hto: ba' khwe'
panela (f)	ဒယ်အိုး	paun: ou:
frigideira (f)	ဟင်းကြော်အိုး	hin: gjo ou:
concha (f)	ဟင်းခပ်ဇွန်း	hin: ga' zun
coador (m)	ဆန်ခါ	zaga
bandeja (f)	လင်ပန်း	lin ban:

garrafa (f)	ပုလင်း	palin:
pote (m) de vidro	ဖန်ဘူး	hpan bu:
lata (~ de cerveja)	သံဘူး	than bu:

abridor (m) de garrafa	ပုလင်းဖောက်တံ	pu. lin: bau' tan
abridor (m) de latas	သံဘူးဖောက်တံ	than bu: bau' tan
saca-rolhas (m)	ဝက်အူဖောက်တံ	we' u bau' dan
filtro (m)	ရေစစ်	jei zi'
filtrar (vt)	စစ်သည်	si' te

| lixo (m) | အမှိုက် | ahmai' |
| lixeira (f) | အမှိုက်ပုံး | ahmai' poun: |

67. Casa de banho

banheiro (m)	ရေချိုးခန်း	jei gjou gan:
água (f)	ရေ	jei
torneira (f)	ရေပိုက်ခေါင်း	jei bai' khaun:
água (f) quente	ရေပူ	jei bu
água (f) fria	ရေအေး	jei ei:

pasta (f) de dente	သွားတိုက်ဆေး	thwa: tai' hsei:
escovar os dentes	သွားတိုက်သည်	thwa: tai' te
escova (f) de dente	သွားတိုက်တံ	thwa: tai' tan

barbear-se (vr)	ရိတ်သည်	jei' te
espuma (f) de barbear	မုတ်ဆိတ်ရိတ်သုံး ဆပ်ပြာမြုပ်	mou' hsei' jei' thoun: za' pja hmjou'
gilete (f)	သင်တုန်းဓား	thin toun: da:

lavar (vt)	ဆေးသည်	hsei: de
tomar banho	ရေချိုးသည်	jei gjou: de
chuveiro (m), ducha (f)	ရေပန်း	jei ban:
tomar uma ducha	ရေချိုးသည်	jei gjou: de

banheira (f)	ရေချိုးကန်	jei gjou: gan
vaso (m) sanitário	အိမ်သာ	ein dha
pia (f)	လက်ဆေးကန်	le' hsei: kan

| sabonete (m) | ဆပ်ပြာ | hsa' pja |
| saboneteira (f) | ဆပ်ပြာခွက် | hsa' pja gwe' |

esponja (f)	ရေမြှုပ်	jei hmjou'
xampu (m)	ခေါင်းလျှော်ရည်	gaun: sho je
toalha (f)	တဘက်	tabe'
roupão (m) de banho	ရေချိုးခန်းဝတ်စုံ	jei gjou: gan: wu' soun
lavagem (f)	အဝတ်လျှော်ခြင်း	awu' sho gjin

lavadora (f) de roupas	အဝတ်လျှော်စက်	awu' sho ze'
lavar a roupa	နိဘိလျှော်သည်	dou bi jo de
detergente (m)	အဝတ်လျှော်ဆပ်ပြာမှုန့်	awu' sho hsa' pja hmun.

68. Eletrodomésticos

televisor (m)	ရုပ်မြင်သံကြားစက်	jou' mjin dhan gja: ze'
gravador (m)	အသံသွင်းစက်	athan dhwin: za'
videogravador (m)	ဗီဒီယိုပွဲစက်	bi di jou bja. ze'
rádio (m)	ရေဒီယို	rei di jou
leitor (m)	ပလေယာစက်	pa. lei ja ze'

projetor (m)	ဗီဒီယိုပရိဂျက်တာ	bi di jou pa. jou gje' da
cinema (m) em casa	အိမ်တွင်းရုပ်ရှင်ခန်း	ein dwin: jou' shin gan:
DVD Player (m)	ဒီဗီဒီပလေလယာ	di bi di ba lei ja
amplificador (m)	အသံချဲ့စက်	athan che. zek
console (f) de jogos	ဂိမ်းခလုတ်	gein: kha lou'

câmera (f) de vídeo	ဗီဒီယိုကင်မရာ	bwi di jou kin ma. ja
máquina (f) fotográfica	ကင်မရာ	kin ma. ja
câmera (f) digital	ဒီဂျစ်တယ်ကင်မရာ	digji' te gin ma. ja

aspirador (m)	ဖုန်စုပ်စက်	hpoun zou' se'
ferro (m) de passar	မီးပူ	mi: bu
tábua (f) de passar	မီးပူတိုက်ရန်စင်	mi: bu tai' jan zin

telefone (m)	တယ်လီဖုန်း	te li hpoun:
celular (m)	မိုဘိုင်းဖုန်း	mou bain: hpoun:
máquina (f) de escrever	လက်နှိပ်စက်	le' hnei' se'
máquina (f) de costura	အပ်ချုပ်စက်	a' chou' se'

microfone (m)	စကားပြောခွက်	zaga: bjo: gwe'
fone (m) de ouvido	နားကြပ်	na: kja'
controle remoto (m)	အဝေးထိန်းကိရိယာ	awei: htin: ki. ja. ja

CD (m)	ဗီဒီပြား	si di bja:
fita (f) cassete	တိပ်ခွေ	tei' khwei
disco (m) de vinil	ရှေးခေတ်သုံးတောင်ပြား	shei: gi' thoun da' pja:

64

ATIVIDADES HUMANAS

Emprego. Negócios. Parte 1

69. Escritório. O trabalho no escritório

escritório (~ de advogados)	ရုံး	joun:
escritório (do diretor, etc.)	ရုံးခန်း	joun: gan:
recepção (f)	ကြိုဆိုလက်ခံရာနေရာ	kjou hsou le' khan ja nei ja
secretário (m)	အတွင်းရေးမှူး	atwin: jei: hmu:
secretária (f)	အတွင်းရေးမှူးမ	atwin: jei: hmu: ma
diretor (m)	ဒါရိုက်တာ	da je' ta
gerente (m)	မန်နေဂျာ	man nei gji
contador (m)	စာရင်းကိုင်	sajin: gain
empregado (m)	ဝန်ထမ်း	wun dan:
mobiliário (m)	ပရိဘောဂ	pa ri. bo: ga.
mesa (f)	စားပွဲ	sa: bwe:
cadeira (f)	အလုပ်ထိုင်ခုံ	alou' htain goun
gaveteiro (m)	အံဆွဲပါသောပ	an. zwe: dho: pa.
	ရုံးသောကအစုံ	ji. bo: ga. soun
cabideiro (m) de pé	ကုတ်အကျီ့ချိတ်စင်	kou' akji gji' sin
computador (m)	ကွန်ပျူတာ	kun pju ta
impressora (f)	ပုံနှိပ်စက်	poun nei' se'
fax (m)	ဖက်စ်ကူးစက်	hpe's ku: ze'
fotocopiadora (f)	ဓာတ်ပုံကူးစက်	da' poun gu: ze'
papel (m)	စက္ကူ	se' ku
artigos (m pl) de escritório	ရုံးသုံးပစ္စည်းများ	joun: dhoun: gi. ji. ja mja:
tapete (m) para mouse	မောက်စ်အောက်ခံပြား	mau's au' gan bja:
folha (f)	အရွက်	ajwa'
pasta (f)	ဖိုင်	hpain
catálogo (m)	စာရင်း	sajin:
lista (f) telefônica	ဖုန်းလမ်းညွှန်	hpoun: lan: hnjun
documentação (f)	မှတ်တမ်းတင်ခြင်း	hma' tan: din gjin:
brochura (f)	ကြော်ငြာစာစောင်	kjo nja za zaun
panfleto (m)	လက်ကမ်းစာစောင်	le' kan: za zaun:
amostra (f)	နမူနာ	na. mu na
formação (f)	လေ့ကျင့်ရေးအစည်းအဝေး	lei. kjin. jei: asi: awei:
reunião (f)	အစည်းအဝေး	asi: awei:
hora (f) de almoço	နေ့လည်စာစားချိန်	nei. le za za: gjein
fazer uma cópia	မိတ္တူကူးသည်	mi' tu gu: de
tirar cópias	မိတ္တူကူးသည်	mi' tu gu: de
receber um fax	ဖက်စ်လက်ခံရရှိသည်	hpe's le' khan ja. shi. de

enviar um fax	ဖက်စ်ပို့သည်	hpe's pou. de
fazer uma chamada	ဖုန်းဆက်သည်	hpoun: ze' te
responder (vt)	ဖြေသည်	hpjei de
passar (vt)	ဆက်သွယ်သည်	hse' thwe de
marcar (vt)	စီစဉ်သည်	si zin de
demonstrar (vt)	သရုပ်ပြသည်	thajou' pja. de
estar ausente	ပျက်ကွက်သည်	pje' kwe' te
ausência (f)	ပျက်ကွက်ခြင်း	pje' kwe' chin

70. Processos negociais. Parte 1

negócio (m)	လုပ်ငန်း	lou' ngan:
ocupação (f)	လုပ်ဆောင်မှု	lou' hsaun hmu.
firma, empresa (f)	စီးပွားရေးလုပ်ငန်း	si: bwa: jei: lou' ngan:
companhia (f)	ကုမ္ပဏီ	koun pani
corporação (f)	ကော်ပိုရေးရှင်း	ko bou jei: shin:
empresa (f)	စီးပွားရေးလုပ်ငန်း	si: bwa: jei: lou' ngan:
agência (f)	ကိုယ်စားလှယ်လုပ်ငန်း	kou za: hle lou' ngan:
acordo (documento)	သဘောတူညီမှုစာချုပ်	dhabo: tu nji hmu. za gjou'
contrato (m)	ကန်ထရိက်	kan ta jou'
acordo (transação)	အပေးအယူ	apei: aju
pedido (m)	ကြိုတင်မှာယူခြင်း	kjou din hma ju chin:
termos (m pl)	စည်းကမ်းချက်	si: kan: gje'
por atacado	လက်ကား	le' ka:
por atacado (adj)	လက်ကားဖြစ်သော	le' ka: bji' te.
venda (f) por atacado	လက်ကားရောင်းချမှု	le' ka: jaun: gja. hmu.
a varejo	လက်လီစနစ်	le' li za. ni'
venda (f) a varejo	လက်လီရောင်းချမှု	le' li jaun: gja. hmu.
concorrente (m)	ပြိုင်ဘက်	pjain be'
concorrência (f)	ပြိုင်ဆိုင်မှု	pjain zain hmu
competir (vi)	ပြိုင်ဆိုင်သည်	pjain zain de
sócio (m)	စီးပွားဖက်	si: bwa: be'
parceria (f)	စီးပွားဖက်ဖြစ်ခြင်း	si: bwa: be' bji' chin:
crise (f)	အခက်အခဲကာလ	akhe' akhe: ga la.
falência (f)	ဒေဝါလီခံရခြင်း	dei wa li gan ja gjin
entrar em falência	ဒေဝါလီခံသည်	dei wa li gan de
dificuldade (f)	အခက်အခဲ	akhe' akhe:
problema (m)	ပြဿနာ	pjadhana
catástrofe (f)	ကပ်ဘေး	ka' bei:
economia (f)	စီးပွားရေး	si: bwa: jei:
econômico (adj)	စီးပွားရေးနှင့်ဆိုင်သော	si: bwa: jei: hnin zain de.
recessão (f) econômica	စီးပွားရေးကျဆင်းမှု	si: bwa: jei: gja zin: hmu.
objetivo (m)	ပန်းတိုင်	pan: dain
tarefa (f)	လုပ်ငန်းတာဝန်	lou' ngan: da wan
comerciar (vi, vt)	ကုန်သွယ်သည်	koun dhwe de

rede (de distribuição)	ကွန်ရက်	kun je'
estoque (m)	ပစ္စည်းစာရင်း	pji' si: za jin:
sortimento (m)	အမျိုးအမျိုး	apain: acha:
líder (m)	ခေါင်းဆောင်	gaun: zaun
grande (~ empresa)	ကြီးမားသော	kji: ma: de.
monopólio (m)	တစ်ဦးတည်းချုပ်ကိုင်ထား	ti' u: te: gjou' kain da:
teoria (f)	သီအိုရီ	thi ou ji
prática (f)	လက်တွေ့	le' twei.
experiência (f)	အတွေ့အကြုံ	atwei. akjoun
tendência (f)	ဦးတည်ရာ	u: ti ja
desenvolvimento (m)	ဖွံ့ဖြိုးတိုးတက်မှု	hpjun. bjou: dou: de' hmu.

71. Processos negociais. Parte 2

rentabilidade (f)	အကျိုးအမြတ်	akjou: amja'
rentável (adj)	အကျိုးအမြတ်ရှိသော	akjou: amja' shi. de.
delegação (f)	ကိုယ်စားလှယ်အဖွဲ့	kou za: hle ahpwe.
salário, ordenado (m)	လစာ	la. za
corrigir (~ um erro)	အမှားပြင်သည်	ahma: pjin de
viagem (f) de negócios	ဝ်းပွားရေးခရီးစဉ်	si: bwa: jei: khaji: zin
comissão (f)	ကော်မရှင်	ko ma. shin
controlar (vt)	ထိန်းချုပ်သည်	htein: gjou' te
conferência (f)	ဆွေးနွေးပွဲ	hswe: nwe: bwe:
licença (f)	လိုင်စင်	lain zin
confiável (adj)	ယုံကြည်စိတ်ချရသော	joun kji zei' cha. ja. de.
empreendimento (m)	စတင်ခြင်း	sa. tin gjin:
norma (f)	စံနှုန်း	san hnoun:
circunstância (f)	အခြေအနေ	achei anei
dever (do empregado)	တာဝန်	ta wun
empresa (f)	အဖွဲ့အစည်း	ahpwe. asi:
organização (f)	စီစဉ်ခြင်း	si zin gjin:
organizado (adj)	စီစဉ်ထားသော	si zin dha de.
anulação (f)	ပယ်ဖျက်ခြင်း	pe hpje' chin:
anular, cancelar (vt)	ပယ်ဖျက်သည်	pe hpje' te
relatório (m)	အစီရင်ခံစာ	asi jin gan za
patente (f)	မူပိုင်ခွင့်	mu bain gwin.
patentear (vt)	မူပိုင်ခွင့်မှတ်	mu bain gwin. hma'
	ပုံတင်သည်	poun din de
planejar (vt)	စီစဉ်သည်	si zin de
bônus (m)	အပိုဆုကြေး	apou zu. gjei:
profissional (adj)	ပညာရှင်အဆင့်တတ်ကျွမ်းသော	pjin nja ahsin da' kjwan: de.
procedimento (m)	လုပ်ထုံးလုပ်နည်း	lou' htoun: lou' ne:
examinar (~ a questão)	စဉ်းစားသည်	sin: za: de
cálculo (m)	တွက်ချက်ခြင်း	twe' che' chin:
reputação (f)	ဂုဏ်သတင်း	goun dha din:

risco (m)	စွန့်စားခြင်း	sun. za: gjin:
dirigir (~ uma empresa)	ညွှန်ကြားသည်	hnjun gja: de
informação (f)	သတင်းအချက်အလက်	dhadin: akje' ale'
propriedade (f)	ပိုင်ဆိုင်မှု	pain zain hmu
união (f)	အသင်း	athin:

seguro (m) de vida	အသက်အာမခံ	athe' ama. khan
fazer um seguro	အာမခံသည်	a ma. gan de
seguro (m)	အာမခံ	a ma. khan

leilão (m)	လေလံပွဲ	lei lan bwe:
notificar (vt)	အကြောင်းကြားသည်	akjaun: kja: de
gestão (f)	အုပ်ချုပ်မှု	ou' chou' hmu.
serviço (indústria de ~s)	ဝန်ဆောင်မှု	wun: zaun hmu.

fórum (m)	ဖိုရမ်	hpou jan
funcionar (vi)	လည်ပတ်သည်	le ba' te
estágio (m)	အဆင့်	ahsin.
jurídico, legal (adj)	ဥပဒေဆိုင်ရာ	u. ba. dei zain ja
advogado (m)	ရှေ့နေ	shei. nei

72. Produção. Trabalhos

usina (f)	စက်ရုံ	se' joun
fábrica (f)	အလုပ်ရုံ	alou' joun
oficina (f)	ဝပ်ရှော့	wu' sho.
local (m) de produção	ထုတ်လုပ်ရာလုပ်ငန်းခွင်	htou' lou' ja lou' ngan: gwin

| indústria (f) | စက်မှုလုပ်ငန်း | se' hmu. lou' ngan: |
| industrial (adj) | စက်မှုလုပ်ငန်းနှင့်ဆိုင်သော | se' hmu. lou' ngan: hnin. zain de. |

| indústria (f) pesada | အကြီးစားစက်မှုလုပ်ငန်း | akji: za: ze' hmu. lou' ngan: |
| indústria (f) ligeira | အသေးစားစက်မှုလုပ်ငန်း | athei: za: za' hmu. lou' ngan: |

produção (f)	ထုတ်ကုန်	htou' koun
produzir (vt)	ထုတ်လုပ်သည်	tou' lou' te
matérias-primas (f pl)	ကုန်ကြမ်း	koun gjan:

chefe (m) de obras	အလုပ်သမားခေါင်း	alou' dha ma: gaun:
equipe (f)	အလုပ်သမားအဖွဲ့	alou' dha ma: ahpwe.
operário (m)	အလုပ်သမား	alou' dha ma:

dia (m) de trabalho	ရုံးဖွင့်ရက်	joun: hpwin je'
intervalo (m)	ရပ်နားခြင်း	ja' na: gjin:
reunião (f)	အစည်းအဝေး	asi: awei:
discutir (vt)	ဆွေးနွေးသည်	hswe: nwe: de

plano (m)	အစီအစဉ်	asi asin
cumprir o plano	အကောင်အထည်ဖော်သည်	akaun ahte bo de
taxa (f) de produção	ကုန်ထုတ်နှန်း	koun dou' hnan:
qualidade (f)	အရည်အသွေး	aji athwei:
controle (m)	စစ်ဆေးခြင်း	si' hsei: gjin:
controle (m) da qualidade	အရည်အသွေးစစ်ဆေးသုံးသပ်မှု	aji athwei: za' hsei: thon dha' hma

segurança (f) no trabalho	လုပ်ငန်းရှင်လုံ ခြိုု	lou' ngan: gwin loun gjun hmu.
disciplina (f)	စည်းကမ်း	si: kan:
infração (f)	ချိုးဖောက်ခြင်း	chou: hpau' chin:
violar (as regras)	ချိုးဖောက်သည်	chou: hpau' te
greve (f)	သပိတ်မှောက်ခြင်း	thabei' hmau' chin:
grevista (m)	သပိတ်မှောက်သူ	thabei' hmau' thu
estar em greve	သပိတ်မှောက်သည်	thabei' hmau' te
sindicato (m)	အလုပ်သမားသမဂ္ဂ	alou' dha ma: dha. me' ga
inventar (vt)	တီထွင်သည်	ti htwin de
invenção (f)	တီထွင်မှု	ti htwin hmu.
pesquisa (f)	သုတေသန	thu. tei thana
melhorar (vt)	တိုးတက်ကောင်းမွန်စေသည်	tou: te' kaun: mun zei de
tecnologia (f)	နည်းပညာ	ne: bi nja
desenho (m) técnico	နည်းပညာဆိုင်ရာပုံကြမ်း	ne bi nja zain ja boun gjan:
carga (f)	ဝန်	wun
carregador (m)	ကုန်ထမ်းသမား	koun din dhama:
carregar (o caminhão, etc.)	ကုန်တင်သည်	koun din de
carregamento (m)	ကုန်တင်ခြင်း	koun din gjin
descarregar (vt)	ကုန်ချသည်	koun gja de
descarga (f)	ကုန်ချခြင်း	koun gja gjin:
transporte (m)	သယ်ယူပို့ဆောင်ရေး	the ju bou. zaun jei:
companhia (f) de transporte	သယ်ယူပို့ဆောင်ရေး ကုမ္ပဏီ	the ju bou. zaun jei: koun pa. ni
transportar (vt)	ပို့ဆောင်သည်	pou. zaun de
vagão (m) de carga	တွဲ	twe:
tanque (m)	တိုင်ကီ	tain ki
caminhão (m)	ကုန်တင်ကား	koun din ka:
máquina (f) operatriz	ဖြတ်စက်	hpja' se'
mecanismo (m)	စက်ကိရိယာ	se' kari. ja
resíduos (m pl) industriais	စက်ရုံစွန့်ပစ်ပစ္စည်း	se' joun zun bi' pji' si:
embalagem (f)	ထုတ်ပိုးမှု	htou' pou: hmu.
embalar (vt)	ထုတ်ပိုးသည်	htou' pou: de

73. Contrato. Acordo

contrato (m)	ကန်ထရိက်	kan ta jou'
acordo (m)	သဘောတူညီမှု	dhabo: tu nji hmu.
adendo, anexo (m)	ပူးတွဲ	pu: twe:
assinar o contrato	သဘောတူစာချုပ်ချုပ်သည်	dhabo: tu za gjou' gjou' te
assinatura (f)	လက်မှတ်	le' hma'
assinar (vt)	လက်မှတ်ထိုးသည်	le' hma' htou: de
carimbo (m)	တံဆိပ်	da zei'
objeto (m) do contrato	သဘောတူညီမှု-အကြောင်းအရာ	dhabo: tu nji hmu. akjaun: aja
cláusula (f)	အပိုဒ်ငယ်	apai' nge

partes (f pl)	စာချုပ်ပါအဖွဲ့များ	sa gjou' pa ahpwe. mja:
domicílio (m) legal	တရားဝင်နေရပ်လိပ်စာ	taja: win nei ja' lei' sa
violar o contrato	သဘောတူညီမှု ချိုးဖောက်သည်	dhabo: tu nji hmu. gjou: bau' te
obrigação (f)	အထူးသဖြင့်	a htu: dha. hjin.
responsabilidade (f)	တာဝန်ဝတ္တရား	ta wun wu' taja:
força (f) maior	မလွန်ဆန်နိုင်သောအဖြစ်	ma. lun zan nain de. ahpji'
litígio (m), disputa (f)	အငြင်းအခုံ	anjin: akhoun
multas (f pl)	ပြစ်ဒဏ်များ	pji' dan mja:

74. Importação & Exportação

importação (f)	သွင်းကုန်	thwin: goun
importador (m)	သွင်းကုန်လုပ်ငန်းရှင်	thwin: goun lou' ngan: shin
importar (vt)	တင်သွင်းသည်	tin dhwin: de
de importação	သွင်းကုန်နှင့်ဆိုင်သော	thwin: goun hnin. zain de.
exportação (f)	ပို့ကုန်	pou. goun
exportador (m)	ပို့ကုန်လုပ်ငန်းရှင်	pou. goun lou' ngan: shin
exportar (vt)	ကုန်တင်ပို့သည်	koun tin pou. de
de exportação	တင်ပို့သော	tin bou. de.
mercadoria (f)	ကုန်ပစ္စည်း	koun pji' si:
lote (de mercadorias)	ပို့.ကုန်	pou. goun
peso (m)	အလေးချိန်	alei: gjein
volume (m)	ပမာဏ	pa. ma na.
metro (m) cúbico	ကုဗမီတာ	ku. ba mi ta
produtor (m)	ထုတ်လုပ်သူ	tou' lou' thu
companhia (f) de transporte	သယ်ယူ့ပို့.ဆောင်ရေး ကုမ္ပဏီ	the ju bou. zaun jei: koun pa. ni
contêiner (m)	ကွန်တိန်နာ	kun tein na
fronteira (f)	နယ်နိမိတ်	ne ni. mei'
alfândega (f)	အကောက်ခွန်	akau' khun
taxa (f) alfandegária	အကောက်ခွန်နှုန်း	akau' khun hnoun:
funcionário (m) da alfândega	အကောက်ခွန်အရာရှိ	akau' khun aja shi.
contrabando (atividade)	မှောင်ခို	hmaun gou
contrabando (produtos)	မှောင်ခိုပစ္စည်း	hmaun gou pji' si:

75. Finanças

ação (f)	စတော့ရှယ်ယာ	sato. shera
obrigação (f)	ငွေရေးစာချုပ်	ngwei gjei: za gju'
nota (f) promissória	ငွေပေးရေးနံ ကတိစာချုပ်	ngwei bei: gjei jan ga. di. za gju'
bolsa (f) de valores	စတော့ရှယ်ယာဒိုင်	sato. shera dain
cotação (m) das ações	စတော့ဈေးနှုန်း	sato. zei: hnoun:
tornar-se mais barato	ဈေးနှုန်းကျလောင်းသည်	zei: hnan: gja. zin: de

tornar-se mais caro	ဈေးနှုန်းတက်သည်	zei: hnan: de' de
parte (f)	ရယ်ယာ	she ja
participação (f) majoritária	ရယ်ယာအများစုကို ပိုင်ဆိုင်ခြင်း	she ja amja: zu. gou bain zain gjin:
investimento (m)	ရင်းနှီးမြှုပ်နှံမှု	jin: hni: hmjou' hnan hmu.
investir (vt)	ရင်းနှီးမြှုပ်နှံသည်	jin: hni: hmjou' hnan de
porcentagem (f)	ရာခိုင်နှုန်း	ja gain hnan:
juros (m pl)	အတိုး	atou:
lucro (m)	အမြတ်	amja'
lucrativo (adj)	အမြတ်ရသော	amja' ja de.
imposto (m)	အခွန်	akhun
divisa (f)	ငွေကြေး	ngwei kjei:
nacional (adj)	အမျိုးသားနှင့်ဆိုင်သော	amjou: dha: hnin. zain de.
câmbio (m)	လဲလှယ်ခြင်း	le: hle gjin:
contador (m)	စာရင်းကိုင်	sajin: gain
contabilidade (f)	စာရင်းကိုင်လုပ်ငန်း	sajin: gain lou' ngan:
falência (f)	ဒေဝါလီခံရခြင်း	dei wa li gan ja gjin
falência, quebra (f)	ရုပ်တရုတ်စီးပွားရေး ထိုးကျခြင်း	jou' ta ja' si: bwa: jei: dou: gja. gjin:
ruína (f)	ကြီးရွာသောအပျက်အစီး	kji: zwa dho apje' asi:
estar quebrado	ပျက်စီးဆုံးရှုံးသည်	pje' si: zoun: shoun: de
inflação (f)	ငွေကြေးဖောင်းပွခြင်း	ngwei kjei: baun: bwa. gjin:
desvalorização (f)	ငွေကြေးတန်ဖိုးချခြင်း	ngwei kjei: dan bou: gja gjin:
capital (m)	အရင်းအနှီးငွေ	ajin: ani: ngwei
rendimento (m)	ဝင်ငွေ	win ngwei
volume (m) de negócios	အနှတ်အသိုင်း	anou' athin:
recursos (m pl)	အရင်းအမြစ်များ	ajin: amja' mja:
recursos (m pl) financeiros	ငွေကြေးအရင်းအမြစ်များ	ngwei kjei: ajin: amji' mja:
despesas (f pl) gerais	အထွေထွေအသုံးစရိတ်	a htwei htwei athoun: za. jei'
reduzir (vt)	လျှော့ချသည်	sho. cha. de

76. Marketing

marketing (m)	ဈေးကွက်ရှာဖွေရေး	zei: gwe' sha bwei jei:
mercado (m)	ဈေးကွက်	zei: gwe'
segmento (m) do mercado	ဈေးကွက်အစိတ်အပိုင်း	zei: gwe' asei' apain:
produto (m)	ထုတ်ကုန်	htou' koun
mercadoria (f)	ကုန်ပစ္စည်း	koun pji' si:
marca (f)	အမှတ်တံဆိပ်	ahma' tan zin
marca (f) registrada	ကုန်အမှတ်တံဆိပ်	koun ahma' tan hsi'
logotipo (m)	မူပိုင်အမှတ်တံဆိပ်	mu bain ahma' dan zei'
logo (m)	တံဆိပ်	da zei'
demanda (f)	တောင်းဆိုချက်	taun: hsou che'
oferta (f)	ထောက်ပံ့ခြင်း	htau' pan. gjin:
necessidade (f)	လိုအပ်မှု	lou a' hmu.

71

consumidor (m)	သုံးစွဲသူ	thoun: zwe: dhu
análise (f)	ရှိခြင်းစိတ်ဖြာခြင်း	khwe: gjan: zei' hpa gjin:
analisar (vt)	ရှိခြင်းစိတ်ဖြာသည်	khwe: gjan: zei' hpa de
posicionamento (m)	နေရာရှာခြင်း	nei ja hja gjin:
posicionar (vt)	နေရာရှာသည်	nei ja sha de

preço (m)	ဈေးနှုန်း	zei: hnan:
política (f) de preços	ဈေးနှုန်းမူဝါဒ	zei: hnan: m wada.
formação (f) de preços	ဈေးနှုန်းဖြစ်တည်ခြင်း	zei: hnan: bji' te gjin:

77. Publicidade

publicidade (f)	ကြော်ငြာ	kjo nja
fazer publicidade	ကြော်ငြာသည်	kjo nja de
orçamento (m)	ဘတ်ဂျက်	ba' gje'

anúncio (m)	ခန့်မှန်းခြေ သုံးငွေတန်ရင်း	khan hman: gjei ja. dhu: ngwei za jin:
publicidade (f) na TV	တီဗီကြော်ငြာ	ti bi gjo nja
publicidade (f) na rádio	ရေဒီယိုကြော်ငြာ	rei di jou gjo nja
publicidade (f) exterior	ပြင်ပကြော်ငြာ	pjin ba. gjo nja

comunicação (f) de massa	လူထုဆက်သွယ်ရေး	lu du. ze' thwe jei:
periódico (m)	ပုံမှန်ထုတ်မဂ္ဂဇင်း	poun hmein dou' ma' ga. zin:
imagem (f)	ပုံရိပ်	poun jei'

| slogan (m) | ကြွေးကြော်သံ | kjwei: kjo dhan |
| mote (m), lema (f) | ဆောင်ပုဒ် | hsaun bou' |

campanha (f)	အစီအစဉ်	asi asin
campanha (f) publicitária	ကြော်ငြာအစီအစဉ်	kjo nja a si asin
grupo (m) alvo	ပစ်မှတ်အုပ်စု	pi' hma' ou'zu.

cartão (m) de visita	လုပ်ငန်းသုံးလိပ်စာကဒ်ပြား	lou' ngan: loun: lei' sa ka' pja:
panfleto (m)	လက်ကမ်းစာစောင်	le' kan: za zaun:
brochura (f)	ကြော်ငြာစာအုပ်ငယ်	kjo nja za ou' nge
folheto (m)	လက်ကမ်းစာစောင်	le' kan: za zaun:
boletim (~ informativo)	သတင်းလွှာ	dhadin: hlwa

letreiro (m)	ဆိုင်းဘုတ်	hsain: bou'
cartaz, pôster (m)	ပို့စတာ	pou sata
painel (m) publicitário	ကြော်ငြာဆိုင်းဘုတ်	kjo nja zain: bou'

78. Banca

| banco (m) | ဘဏ် | ban |
| balcão (f) | ဘဏ်ခွဲ | ban gwe: |

consultor (m) bancário	အတိုင်ပင်ခံပုဂ္ဂိုလ်	atain bin gan bou' gou
gerente (m)	မန်နေဂျာ	man nei gji
conta (f)	ဘဏ်ငွေစာရင်း	ban ngwei za jin
número (m) da conta	ဘဏ်စာရင်းနံပါတ်	ban zajin: nan. ba'

conta (f) corrente	ဘဏ်စာရင်းရှင်	ban zajin: shin
conta (f) poupança	ဘဏ်ငွေစုစာရင်း	ban ngwei zu. za jin

abrir uma conta	ဘဏ်စာရင်းဖွင့်သည်	ban zajin: hpwin. de
fechar uma conta	ဘဏ်စာရင်းပိတ်သည်	ban zajin: bi' te
depositar na conta	ငွေသွင်းသည်	ngwei dhwin: de
sacar (vt)	ငွေထုတ်သည်	ngwei dou' te

depósito (m)	အပ်ငွေ	a' ngwei
fazer um depósito	ငွေအပ်သည်	ngwei a' te
transferência (f) bancária	ကြေးနန်းဖြင့်ငွေလွှဲခြင်း	kjei: nan: bjin. ngwe hlwe: gjin
transferir (vt)	ကြေးနန်းဖြင့်ငွေလွှဲသည်	kjei: nan: bjin. ngwe hlwe: de

soma (f)	ပေါင်းလဒ်	paun: la'
Quanto?	ဘယ်လောက်လဲ	be lau' le:

assinatura (f)	လက်မှတ်	le' hma'
assinar (vt)	လက်မှတ်ထိုးသည်	le' hma' htou: de

cartão (m) de crédito	အကြွေးဝယ်ကဒ်-ခရက်ဒစ်ကဒ်	achwei: we ka' - ka' je' da' ka'
senha (f)	ကုန်နံပါတ်	kou' nan ba'
número (m) do cartão de crédito	ခရက်ဒစ်ကဒ်နံပါတ်	kha. je' di' ka' nan ba'
caixa (m) eletrônico	အလိုအလျောက်ငွေထုတ်စက်	alou aljau' ngwei htou' se'

cheque (m)	ချက်လက်မှတ်	che' le' hma'
passar um cheque	ချက်ရေးသည်	che' jei: de
talão (m) de cheques	ချက်စာအုပ်	che' sa ou'

empréstimo (m)	ရေးငွေ	chei: ngwei
pedir um empréstimo	ရေးငွေလျောက်လွှာတင်သည်	chei: ngwei shau' hlwa din de
obter empréstimo	ရေးငွေရသူသည်	chei: ngwei ja. ju de
dar um empréstimo	ရေးငွေထုတ်ပေးသည်	chei: ngwei htou' pei: de
garantia (f)	အာမခံပစ္စည်း	a ma. gan bji' si:

79. Telefone. Conversação telefônica

telefone (m)	တယ်လီဖုန်း	te li hpoun:
celular (m)	မိုဘိုင်းဖုန်း	mou bain: hpoun:
secretária (f) eletrônica	ဖုန်းထူးစက်	hpoun: du: ze'

fazer uma chamada	ဖုန်းဆက်သည်	hpoun: ze' te
chamada (f)	အဝင်ဖုန်	awin hpun:

discar um número	နံပါတ် နှိပ်သည်	nan ba' hnei' te
Alô!	ဟလို	ha. lou
perguntar (vt)	မေးသည်	mei: de
responder (vt)	ဖြေသည်	hpjei de

ouvir (vt)	ကြားသည်	ka: de
bem	ကောင်းကောင်း	kaun: gaun:
mal	အရမ်းမကောင်း	ajan: ma. gaun:
ruído (m)	ဖြတ်ဝင်သည့်ရှုညံသံ	hpja' win dhi. zu njan dhan

73

fone (m)	တယ်လီဖုန်းနားကြပ်ပိုင်း	te li hpoun: na: gja' pain:
pegar o telefone	ဖုန်းဖကောက်ကိုင်သည်	hpoun: gau' gain de
desligar (vi)	ဖုန်းချသည်	hpoun: gja de
ocupado (adj)	လိုင်းမအားသော	lain: ma. a: de.
tocar (vi)	မြည်သည်	mji de
lista (f) telefônica	တယ်လီဖုန်းလမ်းညွှန်စာအုပ်	te li hpoun: lan: hnjun za ou'
local (adj)	ပြည်တွင်းဖဒေသတွင်းဖြစ်သော	pji dwin: dei. dha dwin: bji' te.
chamada (f) local	ပြည်တွင်းခေါ် ဆိုမှု	pji dwin: go zou hmu.
de longa distância	အဝေးခေါ် ဆိုနိုင်သော	awei: go zou nain de.
chamada (f) de longa distância	အဝေးခေါ် ဆိုမှု	awei: go zou hmu.
internacional (adj)	အပြည်ပြည်ဆိုင်ရာဖြစ်သော	apji pji zain ja bja' de.
chamada (f) internacional	အပြည်ပြည်ဆိုင်ရာခေါ် ဆိုမှု	apji pji zain ja go: zou hmu

80. Telefone móvel

celular (m)	မိုဘိုင်းဖုန်း	mou bain: hpoun:
tela (f)	ပြသရင်း	pja. dha. gjin:
botão (m)	ခလုတ်	khalou'
cartão SIM (m)	ဆင်းကဒ်	hsin: ka'
bateria (f)	ဘတ်ထရီ	ba' hta ji
descarregar-se (vr)	ဖုန်းအားကုန်သည်	hpoun: a: goun: de
carregador (m)	အားသွင်းကြိုး	a: dhwin: gjou:
menu (m)	အစားအသောက်စာရင်း	asa: athau' sa jin:
configurações (f pl)	ချိန်ညှိခြင်း	chein hnji. chin:
melodia (f)	တီးလုံး	ti: loun:
escolher (vt)	ရွေးချယ်သည်	jwei: che de
calculadora (f)	ဂဏန်းပေါင်းစက်	ganan: baun: za'
correio (m) de voz	အသံမေးလ်	athan mei:l
despertador (m)	နှိုးစက်	hnou: ze'
contatos (m pl)	ဖုန်းအဆက်အသွယ်များ	hpoun: ase' athwe mja:
mensagem (f) de texto	မက်ဆေ့ရှ်	me' zei. gja
assinante (m)	အသုံးပြုသူ	athoun: bju. dhu

81. Estacionário

caneta (f)	ဘောပင်	bo pin
caneta (f) tinteiro	ဖောင်တိန်	hpaun din
lápis (m)	ခဲတံ	khe: dan
marcador (m) de texto	အရောင်တောက်မင်တံ	ajaun dau' min dan
caneta (f) hidrográfica	ရေဆေးစုတ်တံ	jei zei: zou' tan
bloco (m) de notas	မှတ်စုစာအုပ်	hma' su. za ou'
agenda (f)	နေ့စဉ်မှတ်တမ်းစာအုပ်	nei. zin hma' tan: za ou'
régua (f)	ပေတံ	pei dan

calculadora (f)	ကကန်းပေါင်းစက်	ganan: baun: za'
borracha (f)	ခဲဖျက်	khe: bje'
alfinete (m)	ထိပ်ပြားကြီးသံချို	htei' pja: gji: dhan hmou
clipe (m)	တွယ်ချတ်	twe gjei'

cola (f)	ကော်	ko
grampeador (m)	စတော့ပလာ	sate' pa. la
furador (m) de papel	အပေါက်ဖောက်စက်	apau' hpau' se'
apontador (m)	ခဲချွန်စက်	khe: chun ze'

82. Tipos de negócios

serviços (m pl) de contabilidade	စာရင်းကိုင်ဝန်ဆောင်မှု	sajin: gain wun zaun hmu.
publicidade (f)	ကြော်ငြာ	kjo nja
agência (f) de publicidade	ကြော်ငြာလုပ်ငန်း	kjo nja lou' ngan:
ar (m) condicionado	လေအေးစက်	lei ei: ze'
companhia (f) aérea	လေကြောင်း	lei gjaun:

bebidas (f pl) alcoólicas	အရက်သေစာ	aje' dhei za
comércio (m) de antiguidades	ရှေးဟောင်းပစ္စည်း	shei: haun: bji' si:
galeria (f) de arte	အနုပညာပြခန်း	anu. pjin ja pja. gan:
serviços (m pl) de auditoria	စာရင်းစစ်ဆေးခြင်း	sajin: zi' hsei: gjin:

negócios (m pl) bancários	ဘဏ်လုပ်ငန်း	ban lou' ngan:
bar (m)	ဘား	ba:
salão (m) de beleza	အလှပြင်ဆိုင်	ahla. bjin zain:
livraria (f)	စာအုပ်ဆိုင်	sa ou' hsain
cervejaria (f)	ဘီယာချက်စက်ရုံ	bi ja gje' se' joun
centro (m) de escritórios	ဖီးဖွဲ့ရေးလုပ်ငန်းစင်တာ	si: bwa: jei: lou' ngan: zin da
escola (f) de negócios	ဖီးဖွဲ့ရေးကျောင်း	si: bwa: jei: gjaun:

cassino (m)	လောင်းကစားရုံ	laun: gaza: joun
construção (f)	ဆောက်လုပ်ရေးလုပ်ငန်း	hsau' lou' jei: lou' ngan:
consultoria (f)	လူနာစမ်းသပ်ခန်း	lu na zan: dha' khan:

clínica (f) dentária	သွားဆေးခန်း	thwa: hsei: gan:
design (m)	ဒီဇိုင်း	di zain:
drogaria (f)	ဆေးဆိုင်	hsei: zain
lavanderia (f)	အဝတ်အရှော်ကျော်လုပ်ငန်း	awu' achou' hlo: lou' ngan:
agência (f) de emprego	အလုပ်အကိုင်ရှာဖွေ ရေးလုပ်ငန်း	alou' akain sha hpwei jei: lou' ngan:

serviços (m pl) financeiros	ငွေကြေးဝန်ဆောင် မှုလုပ်ငန်း	ngwei kjei: wun zaun hmu lou' ngan:
alimentos (m pl)	စားသုံးကုန်များ	sa: dhoun: goun mja:
funerária (f)	အသုဘဝန်ဆောင် မှုလုပ်ငန်း	athu. ba. wun zaun hmu. lou' ngan:
mobiliário (m)	ပရိဘောဂ	pa ri. bo: ga.
roupa (f)	အဝတ်အစား	awu' aza:
hotel (m)	ဟိုတယ်	hou te
sorvete (m)	ရေခဲမုန့်	jei ge: moun.
indústria (f)	စက်မှုလုပ်ငန်း	se' hmu. lou' ngan:

seguro (~ de vida, etc.)	အာမခံလုပ်ငန်း	a ma. khan lou' ngan:
internet (f)	အင်တာနက်	in ta na'
investimento (m)	ရင်းနှီးမြှုပ်နှံမှု	jin: hni: hmjou' hnan hmu.
joalheiro (m)	လက်ဝတ်ရတနာကုန်သည်	le' wa' ja. da. na goun de
joias (f pl)	လက်ဝတ်ရတနာ	le' wa' ja. da. na
lavanderia (f)	နီဝါလုပ်ငန်း	dou bi lou' ngan:
assessorias (f pl) jurídicas	ဥပဒေအကြံပေး	u. ba. dei akjan bei:
indústria (f) ligeira	အသေးစားစက်မှုလုပ်ငန်း	athei: za: za' hmu. lou' ngan:
revista (f)	မဂ္ဂဇင်းစာစောင်	ma' ga. zin: za zaun
vendas (f pl) por catálogo	ဒော်ဒါကိုကြာတိုက်မှ ပို့ဆောင်ခြင်း	o da ko sa dai' hma. bou. hsaun gjin:
medicina (f)	ဆေးပညာ	hsei: pjin nja
cinema (m)	ရုပ်ရှင်ရုံ	jou' shin joun
museu (m)	ပြတိုက်	pja. dai'
agência (f) de notícias	သတင်းဌာန	dhadin: hta. na.
jornal (m)	သတင်းစာ	dhadin: za
boate (casa noturna)	နိက်ကလပ်	nai' ka. la'
petróleo (m)	ရေနံ	jei nan
serviços (m pl) de remessa	ပစ္စည်းပို့ဆောင်ရေးလုပ်ငန်း	pji' si: bou. zain jei: lou' ngan:
indústria (f) farmacêutica	လူသားဆေးဝါးလုပ်ငန်း	lu dhoun: zei: wa: lou' ngan:
tipografia (f)	ပုံနှိပ်ခြင်း	poun nei' chin:
editora (f)	ပုံနှိပ်ထုတ်ဝေ သည့်ကုမ္ပဏီ	poun nei' htou' wei dhi. koun pani
rádio (m)	ရေဒီယို	rei di jou
imobiliário (m)	အိမ်ခြံမြေလုပ်ငန်း	ein gjan mjei lu' ngan:
restaurante (m)	စားသောက်ဆိုင်	sa: thau' hsain
empresa (f) de segurança	လုံခြုံရေးအကျိုး ဆောင်ကုမ္ပဏီ	loun gjoun jei: akjou: zaun koun pa. ni
esporte (m)	အားကစား	a: gaza:
bolsa (f) de valores	စတော့ရှောင်းဝယ်ရေးဌာန	sato. jaun: we jei: hta. na.
loja (f)	ဆိုင်	hsain
supermercado (m)	ကုန်တိုက်ကြီး	koun dou' kji:
piscina (f)	ရေကူးကန်	jei ku: gan
alfaiataria (f)	အင်္ကျီလုပ်ငန်း	a' chou' lu' ngan:
televisão (f)	ရုပ်မြင်သံကြား	jou' mjin dhan gja:
teatro (m)	ကဇာတ်ရုံ	ka. za' joun
comércio (m)	ကုန်သွယ်ရေး	koun dhwe jei:
serviços (m pl) de transporte	သယ်ယူပို့ဆောင်ရေးလုပ်ငန်း	the ju bou. zaun jei: lou' ngan:
viagens (f pl)	ခရီးသွားလုပ်ငန်း	khaji: thwa: lou' ngan:
veterinário (m)	တိရစ္ဆာန်ကုဆရာဝန်	tharei' hsan gu. zaja wun
armazém (m)	ကုန်လှောင်ရုံ	koun hlaun joun
recolha (f) do lixo	စွန့်ပစ်ပစ္စည်းစုဆောင်းခြင်း	sun. bi' pji' si: zu zaun: ghin:

Emprego. Negócios. Parte 2

83. Espetáculo. Feira

feira, exposição (f)	ပြပွဲ	pja. bwe:
feira (f) comercial	ကုန်စည်ပြပွဲ	koun zi pja pwe
participação (f)	ပါဝင်ဆင်နွှဲမှု	pa win zhin hnwe: hmu.
participar (vi)	ပါဝင်ဆင်နွှဲသည်	pa win zin hnwe: de
participante (m)	ပါဝင်ဆင်နွှဲသူ	pa win zhin hnwe: dhu
diretor (m)	ဒါရိုက်တာ	da je' ta
direção (f)	ဦးစီးဦးေဆာင်သူအဖွဲ့	u: zi: u: zaun dhu ahpwe:
organizador (m)	စီစဉ်သူ	si zin dhu
organizar (vt)	စီစဉ်သည်	si zin de
ficha (f) de inscrição	ပါဝင်ရန်ဖြည့်စွက်ရ ေသာပုံစံ	pa win jan bje zwe' ja. dho: boun zan
preencher (vt)	ဖြည့်သည်	hpjei. de
detalhes (m pl)	အေသးစိတ်အချက်အလက်များ	athei zi' ache' ala' mja:
informação (f)	သတင်းအချက်အလက်	dhadin: akje' ale'
preço (m)	ေစျးနှုန်း	zei: hnan:
incluindo	အပါအဝင်	apa awin
incluir (vt)	ပါဝင်သည်	pa win de
pagar (vt)	ေပးေချသည်	pei: gjei de
taxa (f) de inscrição	မှတ်ပုံတင်ခ	hma' poun din ga.
entrada (f)	ဝင်ေပါက်	win bau'
pavilhão (m), salão (f)	ပြခန်းယာယီအေဆာက်အအုံ	pja. gan: ja ji ahsau' aoun
inscrever (vt)	စာရင်းသွင်းသည်	sajin: dhwin: de
crachá (m)	တံဆိပ်	da zei'
stand (m)	ပြပွဲစင်	pja. bwe: zin
reservar (vt)	ကြိုတင်မှာသည်	kjou tin hma de
vitrine (f)	ပစ္စည်းပြရန်မှန်ေဘာင်	pji' si: bja. jan hman baun
lâmpada (f)	မီးေမာင်း	mi: maun:
design (m)	ဒီဇိုင်း	di zain:
pôr (posicionar)	ေနရာချသည်	nei ja gja de
ser colocado, -a	တည်ရှိသည်	ti shi. de
distribuidor (m)	ဖြန့်ေဝသူ	hpjan. wei dhu
fornecedor (m)	ေပးသွင်းသူ	pei: dhwin: dhu
fornecer (vt)	ေပးသွင်းသည်	pei: dhwin: de
país (m)	နိုင်ငံ	nain ngan
estrangeiro (adj)	နိုင်ငံခြားနှင့်ဆိုင်ေသာ	nain ngan gja: hnin. zain de.
produto (m)	ထုတ်ကုန်	htou' koun
associação (f)	အဖွဲ့အစည်း	ahpwe. asi:

77

sala (f) de conferência	ဆွေးနွေးပွဲခန်းမ	hswe: nwe: bwe: gan: ma.
congresso (m)	ညီလာခံ	nji la gan
concurso (m)	ပြိုင်ပွဲ	pjain bwe:

visitante (m)	ဧည့်သည်	e. dhe
visitar (vt)	လာရောက်လေ့လာသည်	la jau' lei. la de
cliente (m)	ဖောက်သည်	hpau' te

84. Ciência. Investigação. Cientistas

ciência (f)	သိပ္ပံပညာ	thei' pan pin nja
científico (adj)	သိပ္ပံပညာဆိုင်ရာ	thei' pan pin nja zein ja
cientista (m)	သိပ္ပံပညာရှင်	thei' pan pin nja shin
teoria (f)	သီအိုရီ	thi ou ji

axioma (m)	နိဂုံးမှန်အဆို	na. gou hman ahsou
análise (f)	ရှင်းစစ်ကြာခြင်း	khwe: gjan: zei' hpa gjin:
analisar (vt)	ရှင်းစစ်ဖာသည်	khwe: gjan: zei' hpa de
argumento (m)	အကြောင်းပြုချက်	akjaun: pja. gje'
substância (f)	အထည်	a hte

hipótese (f)	အခြေခံသဘောတရားအိုယူအဆ	achei khan dha. bo da. ja: aju ahsa.
dilema (m)	အကျပ်ရိုက်ခြင်း	akja' shi' chin:
tese (f)	သုတေသနစာတမ်း	thu. tei thana za dan:
dogma (m)	တရားသောလက်ခံထားသောဝါဒ	taja: dhei le' khan da: dho: wa da

doutrina (f)	သြဝါဒ	thja. wa da.
pesquisa (f)	သုတေသန	thu. tei thana
pesquisar (vt)	သုတေသနပြုသည်	thu. tei thana bjou de
testes (m pl)	စမ်းသပ်ခြင်း	san: dha' chin:
laboratório (m)	လက်တွေ့ခန်း	le' twei. gan:

método (m)	နည်းလမ်း	ne: lan:
molécula (f)	မော်လီကျူး	mo li gju:
monitoramento (m)	စောင့်ကြည့်စစ်ဆေးခြင်း	saun. gji. zi' hsei: gjin:
descoberta (f)	ရှာဖွေတွေ့ရှိမှု	sha hpwei dwei. shi. hmu.

postulado (m)	လက်ခံထားသည့်အဆို	le' khan da: dhe. ahsou
princípio (m)	အခြေခံသဘောတရား	achei khan dha. bo da. ja:
prognóstico (previsão)	ကြိုတင်ခန့်မှန်းချက်	kjou din khan hman: gje'
prognosticar (vt)	ကြိုတင်ခန့်မှန်းသည်	kjou din khan hman: de

síntese (f)	သမ္မာရ	than ba ra.
tendência (f)	ဦးတည်ရာ	u: ti ja
teorema (m)	သီအိုရမ်	thi ou jan

ensinamentos (m pl)	သင်ကြားချက်	thin kja: gje'
fato (m)	အရှက်အလက်	ache' ale'
expedição (f)	ရှေးစမ်းလေ့လာရေးခရီး	su: zan: lei. la nei: khaji:
experiência (f)	စမ်းသပ်လုပ်ဆောင်ချက်	san: dha' lou' hsaun gje'
acadêmico (m)	အကယ်ဒမီသိပ္ပံပညာရှင်	ake da ni dhan pa' pjin shin
bacharel (m)	တက္ကသိုလ် ပထမဘွဲ့	te' kathou pahtama. bwe.

doutor (m) ပါရဂူဘွဲ့ pa ja gu bwe.
professor (m) associado လက်ထောက်ပါမောက္ခ le' htau' pa mau' kha.
mestrado (m) မဟာဘွဲ့ maha bwe.
professor (m) ပါမောက္ခ pamau' kha

Profissões e ocupações

trabalho (m)	အလုပ်	alou'
equipe (f)	ဝန်ထမ်းအင်အား	wun dan: in a:
pessoal (m)	အမှုထမ်း	ahmu. htan:
carreira (f)	သက်မွေးမှုလုပ်ငန်း	the' hmei: hmu. lou' ngan:
perspectivas (f pl)	တက်လမ်း	te' lan:
habilidades (f pl)	ကျွမ်းကျင်မှု	kjwan: gjin hmu.
seleção (f)	လက်ရွေးစင်	le' jwei: zin
agência (f) de emprego	အလုပ်အကိုင်ရာဖွေရေး-အကျိုးဆောင်လုပ်ငန်း	alou' akain sha hpei jei: akjou: zaun lou' ngan:
currículo (m)	ပညာရည်မှတ်တမ်းအကျဉ်း	pjin nja je hma' tan: akjin:
entrevista (f) de emprego	အလုပ်အင်တာဗျူး	alou' in da bju:
vaga (f)	အလုပ်လစ်လပ်နေရာ	alou' li' la' nei ja
salário (m)	လစာ	la. za
salário (m) fixo	ပုံသေလစာ	poun dhei la. za
pagamento (m)	ပေးချေသည့်ငွေ	pei: gjei de. ngwei
cargo (m)	ရာထူး	ja du:
dever (do empregado)	တာဝန်	ta wun
gama (f) de deveres	တာဝန်များ	ta wun mja:
ocupado (adj)	အလုပ်များသော	alou' mja: de.
despedir, demitir (vt)	အလုပ်ထုတ်သည်	alou' htou' de
demissão (f)	ထုတ်ပယ်ခြင်း	htou' pe gjin:
desemprego (m)	အလုပ်လက်မဲ့ဦးရေ	alou' le' me. u: jei
desempregado (m)	အလုပ်လက်မဲ့	alou' le' me.
aposentadoria (f)	အငြိမ်းစားလစာ	anjein: za: la. za
aposentar-se (vr)	အငြိမ်းစားယူသသည်	anjein: za: ju dhe

diretor (m)	ညွှန်ကြားရေးမှူး	hnjun gja: jei: hmu:
gerente (m)	မန်နေဂျာ	man nei gji
patrão, chefe (m)	အကြီးအကဲ	akji: ake:
superior (m)	အထက်လူကြီး	a hte' lu gji:
superiores (m pl)	အထက်လူကြီးများ	a hte' lu gji: mja:
presidente (m)	ဥက္ကဋ္ဌ	ou' kahta.
chairman (m)	ဥက္ကဋ္ဌ	ou' kahta.
substituto (m)	ဒုတိယ	du. di. ja.
assistente (m)	လက်ထောက်	le' htau'

| secretário (m) | အတွင်းရေးမှူး | atwin: jei: hmu: |
| secretário (m) pessoal | ကိုယ်ရေးအရာရှိ | kou jei: aja shi. |

homem (m) de negócios	စီးပွားရေးလုပ်ငန်းရှင်	si: bwa: jei: lou' ngan: shin
empreendedor (m)	စီးပွားရေးလုပ်ငန်းရှင်	si: bwa: jei: lou' ngan: shin
fundador (m)	တည်ထောင်သူ	ti daun dhu
fundar (vt)	တည်ထောင်သည်	ti daun de

principiador (m)	ဖွဲ့စည်းသူ	hpwe. zi: dhu
parceiro, sócio (m)	အကျိုးတူလုပ်ဖော်ကိုင်ဘက်	akjou: du lou' hpo kain be'
acionista (m)	အစုရှင်	asu. shin

milionário (m)	သန်းကြွယ်သူဌေး	than: gjwe dhu dei:
bilionário (m)	ဘီလျံနာသူဌေး	bi ljan na dhu dei:
proprietário (m)	ပိုင်ရှင်	pain shin
proprietário (m) de terras	မြေပိုင်ရှင်	mjei bain shin

cliente (m)	ဖောက်သည်	hpau' te
cliente (m) habitual	အမြဲတမ်းဖောက်သည်	amje: dan: zau' te
comprador (m)	ဝယ်သူ	we dhu
visitante (m)	ဧည့်သည်	e. dhe

profissional (m)	ကျွမ်းကျင်သူ	kjwan: gjin dhu
perito (m)	ကျွမ်းကျင်ပညာရှင်	kjwan: gjin bi nja shin
especialista (m)	အထူးကျွမ်းကျင်သူ	a htu: kjwan: gjin dhu

| banqueiro (m) | ဘဏ်လုပ်ငန်းရှင် | ban lou' ngan: shin |
| corretor (m) | စီးပွားရေးအကျိုးဆောင် | si: bwa: jei: akjou: zaun |

caixa (m, f)	ငွေကိုင်	ngwei gain
contador (m)	စာရင်းကိုင်	sajin: gain
guarda (m)	အစောင့်	asaun.

investidor (m)	ရင်းနှီးမြှုပ်နှံသူ	jin: hni: hmjou' hnan dhu
devedor (m)	မြီစား	mji za:
credor (m)	ကြွေးရှင်	kjwei: shin
mutuário (m)	ချေးသူ	chei: dhu

| importador (m) | သွင်းကုန်လုပ်ငန်းရှင် | thwin: goun lou' ngan: shin |
| exportador (m) | ပို့ကုန်လုပ်ငန်းရှင် | pou. goun lou' ngan: shin |

produtor (m)	ထုတ်လုပ်သူ	tou' lou' thu
distribuidor (m)	ဖြန့်ဝေသူ	hpjan. wei dhu
intermediário (m)	တစ်ဆင့်ခံရောင်းသူ	ti' hsin. gan jaun: dhu

consultor (m)	အတိုင်ပင်ခံပုဂ္ဂိုလ်	atain bin gan bou' gou
representante comercial	ကိုယ်စားလှယ်	kou za: hle
agente (m)	ကိုယ်စားလှယ်	kou za: hle
agente (m) de seguros	အာမခံကိုယ်စားလှယ်	a ma. khan gou za: hle

87. Profissões de serviços

| cozinheiro (m) | စားဖိုမှူး | sa: hpou hmu: |
| chefe (m) de cozinha | စားဖိုမှူးကြီး | sa: hpou hmu: gji: |

padeiro (m)	ပေါင်မုန့်ဖုတ်သူ	paun moun. bou' dhu
barman (m)	အရက်ဘားဝန်ထမ်း	aje' ba: wun dan:
garçom (m)	စားပွဲထိုး	sa: bwe: dou:
garçonete (f)	စားပွဲထိုးမိန်းကလေး	sa: bwe: dou: mein: ga. lei:
advogado (m)	ရှေ့နေ	shei. nei
jurista (m)	ရှေ့နေ	shei. nei
notário (m)	ရှေ့နေ	shei. nei
eletricista (m)	လျပ်စစ်ပညာရှင်	hlja' si' pa. nja shin
encanador (m)	ပိုက်ပြင်သူ	pai' bjin dhu
carpinteiro (m)	လက်သမား	le' tha ma:
massagista (m)	အနှိပ်သမား	anei' thama:
massagista (f)	အနှိပ်သမ	anei' thama.
médico (m)	ဆရာဝန်	hsa ja wun
taxista (m)	တက္ကစီမောင်းသူ	te' kasi maun: dhu
condutor (automobilista)	ယာဉ်မောင်း	jin maun:
entregador (m)	ပစ္စည်းပို့သူ	pji' si: bou. dhu
camareira (f)	ဟိုတယ်သန့်ရှင်းရေးဝန်ထမ်း	hou te than. shin wun dam:
guarda (m)	အစောင့်	asaun.
aeromoça (f)	လေယာဉ်မယ်	lei jan me
professor (m)	ဆရာ	hsa ja
bibliotecário (m)	စာကြည့်တိုက်ဝန်ထမ်း	sa gji. dai' wun dan:
tradutor (m)	ဘာသာပြန်	ba dha bjan
intérprete (m)	စကားပြန်	zaga: bjan
guia (m)	လမ်းညွှန်	lan: hnjun
cabeleireiro (m)	ဆံသဆရာ	hsan dha. zaja
carteiro (m)	စာပို့သမား	sa bou. dhama:
vendedor (m)	ဆိုင်အရောင်းဝန်ထမ်း	hsain ajaun: wun dan:
jardineiro (m)	ဥယျာဉ်မှူး	u. jin hmu:
criado (m)	အိမ်ဖေအမှုထမ်း	ein zei ahmu. dan:
criada (f)	အိမ်ဖေအမှူးသမီး	ein zei amjou: dhami
empregada (f) de limpeza	သန့်ရှင်းရေးသမ	than. shin: jei: dhama.

88. Profissões militares e postos

soldado (m) raso	တပ်သား	ta' tha:
sargento (m)	တပ်ကြပ်ကြီး	ta' kja' kji:
tenente (m)	ဗိုလ်	bou
capitão (m)	ဗိုလ်ကြီး	bou gji
major (m)	ဗိုလ်မှူး	bou hmu:
coronel (m)	ဗိုလ်မှူးကြီး	bou hmu: gji:
general (m)	ဗိုလ်ချုပ်	bou gjou'
marechal (m)	ထိပ်တန်းအရာရှိ	htei' tan: aja shi.
almirante (m)	ရေတပ်ဗိုလ်ချုပ်ကြီး	jei da' bou chou' kji:
militar (m)	တပ်မတော်နှင့်ဆိုင်သော	ta' mado hnin. zain de.
soldado (m)	စစ်သား	si' tha:

| oficial (m) | အရာရှိ | aja shi. |
| comandante (m) | ခေါင်းဆောင် | gaun: zaun |

guarda (m) de fronteira	နယ်ခြားစောင့်	ne gja: zaun.
operador (m) de rádio	ဆက်သွယ်ရေးတပ်သား	hse' thwe jei: da' tha:
explorador (m)	ကင်းထောက်	kin: dau'
sapador-mineiro (m)	မိုင်းရှင်းသူ	main: shin: dhu
atirador (m)	လက်ဖြောင့်တပ်သား	le' hpaun. da' tha:
navegador (m)	လေကြောင်းပြ	lei gjaun: bja.

89. Oficiais. Padres

| rei (m) | ဘုရင် | ba. jin |
| rainha (f) | ဘုရင်မ | ba jin ma. |

| príncipe (m) | အိမ်ရှေ့မင်းသား | ein shei. min: dha: |
| princesa (f) | မင်းသမီး | min: dhami: |

| czar (m) | ဇာဘုရင် | za bou jin |
| czarina (f) | ဇာဘုရင်မ | za bou jin ma |

presidente (m)	သမ္မတ	thamada.
ministro (m)	ဝန်ကြီး	wun: gji:
primeiro-ministro (m)	ဝန်ကြီးချုပ်	wun: gji: gjou'
senador (m)	အီနိတ်လွှတ်တော်အမတ်	hsi nei' hlwa' do: ama'

diplomata (m)	သံတမန်	than taman.
cônsul (m)	ကောင်စစ်ဝန်	kaun si' wun
embaixador (m)	သံအမတ်	than ama'
conselheiro (m)	ကောင်စီဝင်	kaun si wun

funcionário (m)	အမှုထောင်အရာရှိ	ahmu. zaun aja shi.
prefeito (m)	သီးသန့်နယ်မြေ အုပ်ချုပ်ရေးမှူး	thi: dhan. ne mjei ou' chou' ei: hmu:
Presidente (m) da Câmara	မြို့တော်ဝန်	mjou. do wun

| juiz (m) | တရားသူကြီး | taja: dhu gji: |
| procurador (m) | အစိုးရရှေ့နေ | asou: ja shei. nei |

missionário (m)	သာသနာပြုသူ	tha dha. na bju. dhu
monge (m)	ဘုန်းကြီး	hpoun: gji:
abade (m)	ကျောင်းထိုင်ဆရာတော်	kjaun: dain zaja do
rabino (m)	ဂျူးဘာသာရေးခေါင်းဆောင်	gju: ba dha jei: gaun: zaun:

vizir (m)	မွတ်ဆလင်အမတ်	mu' hsa. lin ama'
xá (m)	ရှားဘုရင်	sha: bu. shin
xeique (m)	အာရပ်စော်ဘွား	a ra' so bwa:

90. Profissões agrícolas

| abelheiro (m) | ပျားမွေးသူ | pja: mwei: dhu |
| pastor (m) | သိုးနွားထွပ်ကျောင်းသူ | thou:/ nwa: ou' kjaun. dhu |

agrônomo (m)	သီးနှံစိုက်ပျိုး ရေးပညာရှင်	thi: hnan zai' pjou: jei: pin nja shin
criador (m) de gado	တိရစ္ဆာန်မျိုးဖောက်သူ	tharei' hsan mjou: hpau' thu
veterinário (m)	တိရစ္ဆာန်ဆရာဝန်	tharei' hsan zaja wun

agricultor, fazendeiro (m)	လယ်သမား	le dhama:
vinicultor (m)	ဝိုင်ဖောက်သူ	wain bau' thu
zoólogo (m)	သတ္တဗေဒပညာရှင်	tha' ta. bei da. pin nja shin
vaqueiro (m)	နွားကျောင်းသား	nwa: gjaun: dha:

91. Profissões artísticas

ator (m)	သရုပ်ဆောင်မင်းသား	thajou' hsaun min: dha:
atriz (f)	သရုပ်ဆောင်မင်းသမီး	thajou' hsaun min: dha:

cantor (m)	အဆိုတော်	ahsou do
cantora (f)	အဆိုတော်	ahsou do

bailarino (m)	အကဆရာ	aka. hsa. ja
bailarina (f)	အကဆရာမ	aka. hsa. ja ma

artista (m)	သရုပ်ဆောင်သူ	thajou' hsaun dhu
artista (f)	သရုပ်ဆောင်သူ	thajou' hsaun dhu

músico (m)	ဂီတပညာရှင်	gi ta. bjin nja shin
pianista (m)	စန္ဒရားဆရာ	san daja: zaja
guitarrista (m)	ဂစ်တာပညာရှင်	gi' ta bjin nja shin

maestro (m)	ဂီတမှူး	gi ta. hmu
compositor (m)	တေးရေးဆရာ	tei: jei: hsaja
empresário (m)	ဇာတ်ဆရာ	za' hsaja

diretor (m) de cinema	ရုပ်ရှင်ဒါရိုက်တာ	jou' shin da jai' ta
produtor (m)	ထုတ်လုပ်သူ	htou' lou' thu
roteirista (m)	ဇာတ်ညွှန်းဆရာ	za' hnjun: za ja
crítico (m)	ဝေဖန်သူ	wei ban dhu

escritor (m)	စာရေးဆရာ	sajei: zaja
poeta (m)	ကဗျာဆရာ	ka. bja zaja
escultor (m)	ပန်းပုဆရာ	babu hsaja
pintor (m)	ပန်းချီဆရာ	bagji zaja

malabarista (m)	လက်လှည့်ဆရာ	le' hli. za. ja.
palhaço (m)	လူရွှင်တော်	lu shwin do
acrobata (m)	ကျွမ်းဘားပြသူ	kjwan: ba: bja dhu
ilusionista (m)	မျက်လှည့်ဆရာ	mje' hle. zaja

92. Várias profissões

médico (m)	ဆရာဝန်	hsa ja wun
enfermeira (f)	သူနာပြု	thu na bju.
psiquiatra (m)	စိတ်ရောဂါအထူးကုဆရာဝန်	sei' jo: ga ahtu: gu. zaja wun

dentista (m)	သွားဆရာဝန်	thwa: hsaja wun
cirurgião (m)	ခွဲစိတ်ကုဆရာဝန်	khwe: hsei' ku hsaja wun
astronauta (m)	အာကာသယာဉ်မှူး	akatha. jin hmu:
astrônomo (m)	နက္ခတ္တဗေဒပညာရှင်	ne' kha' ta. bei da. pji nja shin
piloto (m)	လေယာဉ်မှူး	lei jan hmu:
motorista (m)	ယာဉ်မောင်း	jin maun:
maquinista (m)	ရထားမောင်းသူ	jatha: maun: dhu
mecânico (m)	စက်ပြင်ဆရာ	se' pjin zaja
mineiro (m)	သတ္တုတွင်း အလုပ်သမား	tha' tu. dwin: alou' thama:
operário (m)	အလုပ်သမား	alou' dha ma:
serralheiro (m)	သော့ပြင်ဆရာ	tho. bjin zaja
marceneiro (m)	ကျည်းပေါင်းခွေလက်သမား	kji: baun: gwei le' dha ma:
torneiro (m)	တွင်ခုံအလုပ်သမား	twin goun alou' dhama:
construtor (m)	ဆောက်လုပ်ရေးအလုပ်သမား	hsau' lou' jei: alou' dha. ma:
soldador (m)	ဂဟေဆော်သူ	gahei hso dhu
professor (m)	ပါမောက္ခ	pamau' kha
arquiteto (m)	ဗိသုကာပညာရှင်	bi. thu. ka pjin nja shin
historiador (m)	သမိုင်းပညာရှင်	thamain: pin nja shin
cientista (m)	သိပ္ပံပညာရှင်	thei' pan pin nja shin
físico (m)	ရူပဗေဒပညာရှင်	ju bei da. bin nja shin
químico (m)	ဓာတုဗေဒပညာရှင်	da tu. bei da. bjin nja shin
arqueólogo (m)	ရှေးဟောင်းသုတေသနပညာရှင်	shei: haun thu. dei dha. na. bji nja shin
geólogo (m)	ဘူမိဗေဒပညာရှင်	buu mi. bei da. bjin nja shin
pesquisador (cientista)	သုတေသနပညာရှင်	thu. tei thana pin nja shin
babysitter, babá (f)	ကလေးထိန်း	kalei: din:
professor (m)	ဆရာ	hsa ja
redator (m)	အယ်ဒီတာ	e di ta
redator-chefe (m)	အယ်ဒီတာချုပ်	e di ta chu'
correspondente (m)	သတင်းထောက်	dhadin: dau'
datilógrafa (f)	လက်နှိပ်စက်ရိုက်သူ	le' ni' se' jou' thu
designer (m)	ဒီဇိုင်နာ	di zain na
especialista (m) em informática	ကွန်ပျူတာပညာရှင်	kun pju ta ba. nja shin
programador (m)	ပရိုဂရမ်မာ	pa. jou ga. jan ma
engenheiro (m)	အင်ဂျင်နီယာ	in gjin ni ja
marujo (m)	သင်္ဘောသား	thin: bo: dha:
marinheiro (m)	သင်္ဘောသား	thin: bo: dha:
socorrista (m)	ကယ်ဆယ်သူ	ke ze dhu
bombeiro (m)	မီးသတ်သမား	mi: tha' dhama:
polícia (m)	ရဲ	je:
guarda-noturno (m)	အစောင့်	asaun.
detetive (m)	စုံထောက်	soun dau'
funcionário (m) da alfândega	အကောက်ခွန်အရာရှိ	akau' khun aja shi.
guarda-costas (m)	သက်တော်စောင့်	the' to zaun.

85

guarda (m) prisional	ထောင်စောင့်	htaun zaun.
inspetor (m)	ရဲအုပ်	je: ou'
esportista (m)	အားကစားသမား	a: gaza: dhama:
treinador (m)	နည်းပြ	ne: bja.
açougueiro (m)	သားသတ်သမား	tha: dha' thama:
sapateiro (m)	ဖိနပ်ချုပ်သမား	hpana' chou' tha ma:
comerciante (m)	ကုန်သည်	koun de
carregador (m)	ကုန်ထမ်းသမား	koun din dhama:
estilista (m)	ဖက်ရှင်ဒီဇိုင်နာ	hpe' shin di zain na
modelo (f)	မော်ဒယ်	mo de

93. Ocupações. Estatuto social

estudante (~ de escola)	ကျောင်းသား	kjaun: dha:
estudante (~ universitária)	ကျောင်းသား	kjaun: dha:
filósofo (m)	ဒဿနပညာရှင်	da' thana. pjin nja shin
economista (m)	ဘောဂဗေဒပညာရှင်	bo ga bei da ba nja shin
inventor (m)	တီထွင်သူ	ti htwin dhu
desempregado (m)	အလုပ်လက်မဲ့	alou' le' me.
aposentado (m)	အငြိမ်းစား	anjein: za:
espião (m)	သူလျှို	thu shou
preso, prisioneiro (m)	ထောင်သား	htaun dha:
grevista (m)	သပိတ်မှောက်သူ	thabei' hmau' thu
burocrata (m)	ဗျူရိုကရက်အရာရှိ	bju jou ka. je' aja shi.
viajante (m)	ခရီးသွား	khaji: thwa:
homossexual (m)	လိင်တူချင်းဆက်ဆံသူ	lein du cjin: ze' hsan dhu
hacker (m)	ဟက်ကာ	he' ka
hippie (m, f)	လူမှုဝေလေများကို သွေဖယ်သူ	lu hmu. da. lei. mja: gou
bandido (m)	ဓားပြ	damja.
assassino (m)	လူသတ်သမား	lu dha' thama:
drogado (m)	ဆေးစွဲသူ	hsei: zwe: dhu
traficante (m)	မူးယစ်ဆေးရောင်းဝယ်သူ	mu: ji' hsei: jaun we dhu
prostituta (f)	ပြည့်တန်ဆာ	pjei. dan za
cafetão (m)	ဖာခေါင်း	hpa gaun:
bruxo (m)	မှော်ဆရာ	hmo za. ja
bruxa (f)	မှော်ဆရာမ	hmo za. ja ma.
pirata (m)	ပင်လယ်ဓားပြ	pin le da: bja.
escravo (m)	ကျွန်	kjun
samurai (m)	ဆာမူရိုင်း	hsa mu jain:
selvagem (m)	လူရိုင်း	lu jain:

Educação

escola (f)	စာသင်ကျောင်း	sa dhin gjaun:
diretor (m) de escola	ကျောင်းအုပ်ကြီး	ko: ou' kji:
aluno (m)	ကျောင်းသား	kjaun: dha:
aluna (f)	ကျောင်းသူ	kjaun: dhu
estudante (m)	ကျောင်းသား	kjaun: dha:
estudante (f)	ကျောင်းသူ	kjaun: dhu
ensinar (vt)	သင်ကြားသည်	thin kja: de
aprender (vt)	သင်ယူသည်	thin ju de
decorar (vt)	အလွတ်ကျက်သည်	alu' kje' de
estudar (vi)	သင်ယူသည်	thin ju de
estar na escola	ကျောင်းတက်သည်	kjaun: de' de
ir à escola	ကျောင်းသွားသည်	kjaun: dhwa: de
alfabeto (m)	အက္ခရာ	e' kha ja
disciplina (f)	ဘာသာရပ်	ba da ja'
sala (f) de aula	စာသင်ခန်း	sa dhin gan:
lição, aula (f)	သင်ခန်းစာ	thin gan: za
recreio (m)	အနားရှိန်	ana: gjain
toque (m)	ခေါင်းလောင်းသံ	gaun: laun: dhan
classe (f)	စာရေးခုံ	sajei: khoun
quadro (m) negro	ကျောက်သင်ပုန်း	kjau' thin boun:
nota (f)	အမှတ်	ahma'
boa nota (f)	အမှတ်အဆင့်မြင့်	ahma' ahsin. mjin.
nota (f) baixa	အမှတ်အဆင့်နိမ့်	ahma' ahsin. nin.
dar uma nota	အမှတ်ပေးသည်	ahma' pei: de
erro (m)	အမှား	ahma:
errar (vi)	အမှားလုပ်သည်	ahma: lou' te
corrigir (~ um erro)	အမှားပြင်သည်	ahma: pjin de
cola (f)	ချိုးကွာရန်စာ	khou: gu: jan za
	ရှက်အပိုင်းအစ	jwe' apain: asa.
dever (m) de casa	အိမ်စာ	ein za
exercício (m)	လေ့ကျင့်ခန်း	lei. kjin. gan:
estar presente	ရှိသည်	shi. de
estar ausente	ပျက်ကွက်သည်	pje' kwe' te
faltar às aulas	အတန်းပျက်ကွက်သည်	atan: bje' kwe' te
punir (vt)	အပြစ်ပေးသည်	apja' pei: de
punição (f)	အပြစ်ပေးခြင်း	apja' pei: gjin:

87

comportamento (m)	အပြုအမှု	apju amu
boletim (m) escolar	စာမေးပွဲမှတ်တမ်း	sa mei: hma' tan:
lápis (m)	ခဲတံ	khe: dan
borracha (f)	ခဲဖျက်	khe: bje'
giz (m)	မြေဖြူ	mjei bju
porta-lápis (m)	ခဲတံပူး	khe: dan bu:

mala, pasta, mochila (f)	ကျောင်းသုံးလွယ်အိတ်	kjaun: dhoun: lwe ji'
caneta (f)	ဘောပင်	bo pin
caderno (m)	လေ့ကျင့်ခန်းစာအုပ်	lei. kjin. gan: za ou'
livro (m) didático	ဖတ်စာအုပ်	hpa' sa au'
compasso (m)	ကော့က်ရူး	htau' hsu:

traçar (vt)	ပုံကြမ်းဆွဲသည်	poun: gjam: zwe: de
desenho (m) técnico	နည်းပညာဆိုင်ရာပုံကြမ်း	ne bi nja zain ja boun gjan:

poesia (f)	ကဗျာ	ka. bja
de cor	အလွတ်	alu'
decorar (vt)	အလွတ်ကျက်သည်	alu' kje' de

férias (f pl)	ကျောင်းပိတ်ရက်	kjaun: bi' je'
estar de férias	အားလပ်ရက်ရသည်	a: la' je' ja. de
passar as férias	အားလပ်ရက်ဖြတ်သန်းသည်	a: la' je' hpja' than: de

teste (m), prova (f)	အခန်းဆုံးစစ်ဆေးမှု	akhan: zain zi' hsei: hmu
redação (f)	စာစီစာကုံး	sa zi za koun:
ditado (m)	သတ်ပုံခေါ်ပေးခြင်း	tha' poun go bei: gjin:
exame (m), prova (f)	စာမေးပွဲ	sa mei: bwe:
fazer prova	စာမေးပွဲဖြေသည်	sa mei: bwe: bjei de
experiência (~ química)	လက်တွေ့လုပ်ဆောင်မှု	le' twei. lou' zaun hma.

95. Colégio. Universidade

academia (f)	အထူးပညာသင်ကျောင်း	a htu: bjin nja dhin kjaun:
universidade (f)	တက္ကသိုလ်	te' kathou
faculdade (f)	ဌာန	hta. na.

estudante (m)	ကျောင်းသား	kjaun: dha:
estudante (f)	ကျောင်းသူ	kjaun: dhu
professor (m)	သင်ကြားပို့ရသူ	thin kja: bou. gja. dhu

auditório (m)	စာသင်ခန်း	sa dhin gan:
graduado (m)	ဘွဲ့ရသူ	bwe. ja. dhu

diploma (m)	ဒီပလိုမာ	di' lou ma
tese (f)	သုတေသနစာတမ်း	thu. tei thana za dan:

estudo (obra)	သုတေသနစာတမ်း	thu. tei thana za dan
laboratório (m)	လက်တွေ့ခန်း	le' twei. gan:

palestra (f)	သင်ကြားပို့ရမှု	thin kja: bou. gja. hmu.
colega (m) de curso	အတန်းဖော်	atan: hpo
bolsa (f) de estudos	ပညာသင်ဆု	pjin nja dhin zu.
grau (m) acadêmico	တက္ကသိုလ်ဘွဲ့	te' kathou bwe.

96. Ciências. Disciplinas

matemática (f)	သင်္ချာ	thin cha
álgebra (f)	အက္ခရာသင်္ချာ	e' kha ja din gja
geometria (f)	ဂျီသြမေတြီ	gji o: mei tri
astronomia (f)	နက္ခတ္တဗေဒ	ne' kha' ta. bei da.
biologia (f)	ဇီဝဗေဒ	zi: wa bei da.
geografia (f)	ပထဝီဝင်	pahtawi win
geologia (f)	ဘူမိဗေဒ	buu mi. bei da.
história (f)	သမိုင်း	thamain:
medicina (f)	ဆေးပညာ	hsei: pjin nja
pedagogia (f)	သင်ကြားနည်းပညာ	thin kja: nei: pin nja
direito (m)	ဥပဒေဘာသာရပ်	u. ba. bei ba dha ja'
física (f)	ရူပဗေဒ	ju bei da.
química (f)	ဓာတုဗေဒ	da tu. bei da.
filosofia (f)	ဒဿနိကဗေဒ	da' tha ni. ga. bei da.
psicologia (f)	စိတ်ပညာ	sei' pjin nja

97. Sistema de escrita. Ortografia

gramática (f)	သဒ္ဒါ	dhada
vocabulário (m)	ဝေါဟာရ	wo: ha ra.
fonética (f)	သဒ္ဒဗေဒ	dhada. bei da.
substantivo (m)	နာမ်	nan
adjetivo (m)	နာမဝိသေသန	nan wi. dhei dha. na.
verbo (m)	ကြိယာ	kji ja
advérbio (m)	ကြိယာဝိသေသန	kja ja wi. dhei dha. na.
pronome (m)	နာမ်စား	nan za:
interjeição (f)	အာမေဋိတ်	a mei dei'
preposição (f)	ဝိဘတ်	wi ba'
raiz (f)	ဝေါဟာရရင်းမြစ်	wo: ha ra. jin: mji'
terminação (f)	အဆုံးသတ်	ahsoun· tha'
prefixo (m)	ရှေ့ဆက်ပုဒ်	shei. hse' pou'
sílaba (f)	ဝဏ္ဏ	wun na.
sufixo (m)	နောက်ဆက်ပုဒ်	nau' ze' pou'
acento (m)	ဝိသံသဝေါဒ	hpi. dhan dha. gei da.
apóstrofo (f)	ပိုင်ဆိုင်ခြင်းပြသင်္ကေတ	pain zain bjin: bja tin kei ta.
ponto (m)	ဖူးလုံစတော့	hpu: l za. po. p
vírgula (f)	ပုဒ်ထီး သင်္ကေတ	pou' hti: tin kei ta.
ponto e vírgula (m)	အဖြတ်အရပ်သင်္ကေတ	a hpja' aja' tha ngei da
dois pontos (m pl)	ကိုလန်	kou lan
reticências (f pl)	စာချန်ပြအမှတ်အသား	sa gjan bja ahma' atha:
ponto (m) de interrogação	မေးခွန်းပြအမှတ်အသား	mei: gun: bja. ahma' adha:
ponto (m) de exclamação	အာမေဋိတ်အမှတ်အသား	a mei dei' ahma' atha:

aspas (f pl)	မျက်တောင်အဖွင့်အပိတ်	mje' taun ahpwin. apei'
entre aspas	မျက်တောင်အဖွင့်အပိတ်-အတွင်း	mje' taun ahpwin. apei' atwin:
parênteses (m pl)	ကွင်း	kwin:
entre parênteses	ကွင်းအတွင်း	kwin: atwin:
hífen (m)	တုံးတို	toun: dou
travessão (m)	တုံးရှည်	toun: she
espaço (m)	ကွက်လပ်	kwe' la'
letra (f)	စာလုံး	sa loun:
letra (f) maiúscula	စာလုံးကြီး	sa loun: gji:
vogal (f)	သရ	thara.
consoante (f)	ဗျည်း	bjin:
frase (f)	ဝါကျ	we' kja.
sujeito (m)	ကံ	kan
predicado (m)	ဝါစက	wa saka.
linha (f)	မျဉ်းကြောင်း	mjin: gjaun:
em uma nova linha	မျဉ်းကြောင်းအသစ်ပေါ်မှာ	mjin: gjaun: athi' bo hma.
parágrafo (m)	စာပိုဒ်	sa pai'
palavra (f)	စကားလုံး	zaga: loun:
grupo (m) de palavras	စကားစု	zaga: zu.
expressão (f)	ဖော်ပြချက်	hpjo bja. gje'
sinônimo (m)	အနက်တူ	ane' tu
antônimo (m)	ဆန့်ကျင်ဘက်အနက်	hsan. gjin ba' ana'
regra (f)	စည်းမျဉ်းစည်းကမ်း	si: mjin: si: kan:
exceção (f)	ခြွင်းချက်	chwin: gje'
correto (adj)	မှန်ကန်သော	hman gan de.
conjugação (f)	ကြိယာ့ပုံစံပြောင်းခြင်း	kji ja boun zan pjaun: chin:
declinação (f)	သဒ္ဒါပြောင်းလဲပုံ	dhada bjaun: le: boun
caso (m)	နာမ်ပြောင်းပုံစံ	nan bjaun: boun zan
pergunta (f)	မေးခွန်း	mei: gun:
sublinhar (vt)	အလေးထားဖော်ပြသည်	a lei: da: hpo pja. de
linha (f) pontilhada	အစက်မျဉ်း	ase' mjin:

98. Línguas estrangeiras

língua (f)	ဘာသာစကား	ba dha zaga:
estrangeiro (adj)	နိုင်ငံခြားနှင့်ဆိုင်သော	nain ngan gja: hnin. zain de.
língua (f) estrangeira	နိုင်ငံခြားဘာသာစကား	nain ngan gja: ba dha za ga:
estudar (vt)	သင်ယူလေ့လာသည်	thin ju lei. la de
aprender (vt)	သင်ယူသည်	thin ju de
ler (vt)	ဖတ်သည်	hpa' te
falar (vi)	ပြောသည်	pjo: de
entender (vt)	နားလည်သည်	na: le de
escrever (vt)	ရေးသည်	jei: de
rapidamente	မြန်မြန်	mjan mjan
devagar, lentamente	ဖြည်းဖြည်း	hpjei: bjei:

90

fluentemente	ကျွမ်းကျွမ်းကျင်ကျင်	kjwan: gjwan: gjin gjin
regras (f pl)	စည်းမျဉ်းစည်းကမ်း	si: mjin: si: kan:
gramática (f)	သဒ္ဒါ	dhada
vocabulário (m)	ဝေါဟာရ	wo: ha ra.
fonética (f)	သဒ္ဒဗေဒ	dhada. bei da.
livro (m) didático	ဖတ်စာအုပ်	hpa' sa au'
dicionário (m)	အဘိဓာန်	abi. dan
manual (m) autodidático	မိမိဘာသာလေ့ လာနိုင်သောစာအုပ်	mi. mi. ba dha lei. la nain dho: za ou'
guia (m) de conversação	နှစ်ဘာသာစကားပြောစာအုပ်	hni' ba dha zaga: bjo: za ou'
fita (f) cassete	တိပ်ခွေ	tei' khwei
videoteipe (m)	ရုပ်ရှင်တိပ်ခွေ	jou' shin dei' hpwei
CD (m)	စီဒီခွေ	si di gwei
DVD (m)	ဒီဗီဒီခွေ	di bi di gwei
alfabeto (m)	အက္ခရာ	e' kha ja
soletrar (vt)	စာလုံးပေါင်းသည်	sa loun: baun: de
pronúncia (f)	အသံထွက်	athan dwe'
sotaque (m)	ဝဲသံ	we: dhan
com sotaque	ဝဲသံနှင့်	we: dhan hnin.
sem sotaque	ဝဲသံမပါဘဲ	we: dhan ma. ba be:
palavra (f)	စကားလုံး	zaga: loun:
sentido (m)	အဓိပ္ပါယ်	adei' be
curso (m)	သင်တန်း	thin dan:
inscrever-se (vr)	စာရင်းသွင်းသည်	sajin: dhwin: de
professor (m)	ဆရာ	hsa ja
tradução (processo)	ဘာသာပြန်ခြင်း	ba dha bjan gjin:
tradução (texto)	ဘာသာပြန်ထားချက်	ba dha bjan da: gje'
tradutor (m)	ဘာသာပြန်	ba dha bjan
intérprete (m)	စကားပြန်	zaga: bjan
poliglota (m)	ဘာသာစကားအများ ပြောနိုင်သူ	ba dha zaga: amja: bjo: nain dhu
memória (f)	မှတ်ဉာဏ်	hma' njan

Descanso. Entretenimento. Viagens

99. Viagens

turismo (m)	ခရီးသွားလုပ်ငန်း	khaji: thwa: lou' ngan:
turista (m)	ကမ္ဘာလှည့်ခရီးသည်	ga ba hli. kha. ji: de
viagem (f)	ခရီးထွက်ခြင်း	khaji: htwe' chin:
aventura (f)	စွန့်စားမှု	sun. za: hmu.
percurso (curta viagem)	ခရီး	khaji:
férias (f pl)	ခွင့်ရက်	khwin. je'
estar de férias	အခွင့်ယူသည်	akhwin. ju de
descanso (m)	အနားယူခြင်း	ana: ju gjin:
trem (m)	ရထား	jatha:
de trem (chegar ~)	ရထားနဲ့	jatha: ne.
avião (m)	လေယာဉ်	lei jan
de avião	လေယာဉ်နဲ့	lei jan ne.
de carro	ကားနဲ့	ka: ne.
de navio	သင်္ဘောနဲ့	thin: bo: ne.
bagagem (f)	ဝန်စည်စလည်	wun zi za. li
mala (f)	သားရေသေတ္တာ	tha: jei dhi' ta
carrinho (m)	ပစ္စည်းတင်ရန်တွန်းလှည်း	pji' si: din jan dun: hle:
passaporte (m)	နိုင်ငံကူးလက်မှတ်	nain ngan gu: le' hma'
visto (m)	ဗီဇာ	bi za
passagem (f)	လက်မှတ်	le' hma'
passagem (f) aérea	လေယာဉ်လက်မှတ်	lei jan le' hma'
guia (m) de viagem	လမ်းညွှန်စာအုပ်	lan: hnjun za ou'
mapa (m)	မြေပုံ	mjei boun
área (f)	ဒေသ	dei dha.
lugar (m)	နေရာ	nei ja
exotismo (m)	အထူးအဆန်းပစ္စည်း	a htu: a hsan: bji' si:
exótico (adj)	အထူးအဆန်းဖြစ်သော	a htu: a hsan: hpja' te.
surpreendente (adj)	အံ့ဩစရာကောင်းသော	an. o: sa ja kaun de.
grupo (m)	အုပ်စု	ou' zu.
excursão (f)	လေ့လာရေးခရီး	lei. la jei: gaji:
guia (m)	လမ်းညွှန်	lan: hnjun

100. Hotel

hotel (m)	ဟိုတယ်	hou te
motel (m)	မိုတယ်	mou te
três estrelas	ကြယ် ၃ ပွင့်အဆင့်	kje thoun: pwin. ahsin.

cinco estrelas	ကြယ် ၅ ပွင့်အဆင့်	kje nga: pwin. ahsin.
ficar (vi, vt)	တည်းရိုသည်	te: khou de
quarto (m)	အခန်း	akhan:
quarto (m) individual	တစ်ယောက်ခန်း	ti' jau' khan:
quarto (m) duplo	နှစ်ယောက်ခန်း	hni' jau' khan:
reservar um quarto	ကြိုတင်မှာယူသည်	kjou tin hma ju de
meia pensão (f)	ကြိုတင်တစ်ဝက်ငွေရှေ့ရှင်း	kjou tin di' we' ngwe gjei gjin:
pensão (f) completa	ငွေအပြည့်ကြို တင်ပေးရှေ့ရှင်း	ngwei apjei. kjou din bei: chei chin:
com banheira	ရေချိုးခန်းနှင့်	jei gjou gan: hnin.
com chuveiro	ရေပန်းနှင့်	jei ban: hnin.
televisão (m) por satélite	ရှုပ်တုရုပ်မြင်သံကြား	gjou' htu. jou' mjin dhan gja:
ar (m) condicionado	လေအေးပေးစက်	lei ei: bei: ze'
toalha (f)	တဘက်	tabe'
chave (f)	သော့	tho.
administrador (m)	အုပ်ချုပ်ရေးမှူး	ou' chu' jei: hmu:
camareira (f)	သန့်ရှင်းရေးဝန်ထမ်း	than. shin: jei: wun dan:
bagageiro (m)	အထမ်းသမား	a htan: dha. ma:
porteiro (m)	တံခါးဝမှ စည့်ကြို	daga: wa. hma. e. kjou
restaurante (m)	စားသောက်ဆိုင်	sa: thau' hsain
bar (m)	ဘား	ba:
café (m) da manhã	နံနက်စာ	nan ne' za
jantar (m)	ညစာ	nja. za
bufê (m)	ဘူဖေး	bu hpei:
saguão (m)	နာရောင်ခန်း	hna jaun gan:
elevador (m)	ဓာတ်လှေကား	da' hlei ga:
NÃO PERTURBE	မနှောင့်ယှက်ရ	ma. hnaun hje' ja.
PROIBIDO FUMAR!	ဆေးလိပ်မသောက်ရ	hsei: lei' ma. dhau' ja.

EQUIPAMENTO TÉCNICO. TRANSPORTES

Equipamento técnico. Transportes

101. Computador

computador (m)	ကွန်ပျူတာ	kun pju ta
computador (m) portátil	လပ်တော့	la' to.
ligar (vt)	ဖွင့်သည်	hpwin. de
desligar (vt)	ပိတ်သည်	pei' te
teclado (m)	ကီးဘုတ်	kji: bou'
tecla (f)	ကီး	kji:
mouse (m)	မောက်စ်	mau's
tapete (m) para mouse	မောက်စ်အောက်ခံပြား	mau's au' gan bja:
botão (m)	ခလုတ်	khalou'
cursor (m)	ညွှန်းပြား	hnjun: ma:
monitor (m)	မော်နီတာ	mo ni ta
tela (f)	မှန်သားပြင်	hman dha: bjin
disco (m) rígido	ဟွတ်ဒစ်-အချက်အလက်သိမ်းပစ္စည်း	ha' di' akja' ale' thein: bji' si:
capacidade (f) do disco rígido	ဟတ်ဒစ်သိုလှောင်နိုင်မှု	ha' di' thou laun nain hmu.
memória (f)	မှတ်ဉာဏ်	hma' njan
memória RAM (f)	ရမ်	ran
arquivo (m)	ဖိုင်	hpain
pasta (f)	စာတွဲဖိုင်	sa dwe: bain
abrir (vt)	ဖွင့်သည်	hpwin. de
fechar (vt)	ပိတ်သည်	pei' te
salvar (vt)	သိမ်းဆည်းသည်	thain: zain: de
deletar (vt)	ဖျက်သည်	hpje' te
copiar (vt)	မိတ္တူကူးသည်	mi' tu gu: de
ordenar (vt)	ခွဲသည်	khwe: de
copiar (vt)	ပြန်ကူးသည်	pjan gu: de
programa (m)	ပရိုဂရမ်	pa. jou ga. jan
software (m)	ဆော့ဖ်ဝဲ	hso. hp we:
programador (m)	ပရိုဂရမ်မာ	pa. jou ga. jan ma
programar (vt)	ပရိုဂရမ်ရေးသည်	pa. jou ga. jan jei: de
hacker (m)	ဟက်ကာ	he' ka
senha (f)	စကားဝှက်	zaga: hwe'
vírus (m)	ဗိုင်းရပ်စ်	bain ja's
detectar (vt)	ရှာဖွေသည်	sha hpwei de

byte (m)	ဘိုက်	bai'
megabyte (m)	မီဂါဘိုက်	mi ga bai'
dados (m pl)	အချက်အလက်	ache' ale'
base (f) de dados	ဒေတာဘေ့စ်	dei da bei. s
cabo (m)	ကေဘယ်ကြိုး	kei be kjou:
desconectar (vt)	ဖြုတ်သည်	hpjei: de
conectar (vt)	တပ်သည်	ta' te

102. Internet. E-mail

internet (f)	အင်တာနက်	in ta na'
browser (m)	ဘရောက်ဆာ	ba. jau' hsa
motor (m) de busca	ဆာ့ချ်အင်ဂျင်	hsa. ch in gjin
provedor (m)	ပံ့ပိုးသူ	pan. bou: dhu
webmaster (m)	ဝဘ်မာစတာ	we' sai' ma sa. ta
website (m)	ဝဘ်ဆိုက်	we' sai'
web page (f)	ဝဘ်ဆိုဒ်စာမျက်နှာ	we' sai' sa mje' hna
endereço (m)	လိပ်စာ	lei' sa
livro (m) de endereços	လိပ်စာမှတ်စု	lei' sa hmat' su.
caixa (f) de correio	စာတိုက်ပုံး	sa dai' poun:
correio (m)	စာ	sa
cheia (caixa de correio)	ပြည့်သော	pjei. de.
mensagem (f)	သတင်း	dhadin:
mensagens (f pl) recebidas	အဝင်သတင်း	awin dha din:
mensagens (f pl) enviadas	အထွက်သတင်း	a htwe' tha. din:
remetente (m)	ပို့သူ	pou. dhu
enviar (vt)	ပို့သည်	pou. de
envio (m)	ပို့ခြင်း	pou. gjin:
destinatário (m)	လက်ခံသူ	le' khan dhu
receber (vt)	လက်ခံရရှိသည်	le' khan ja. shi. de
correspondência (f)	စာအဆက်အသွယ်	sa ahse' athwe
corresponder-se (vr)	စာပေးစာယူလုပ်သည်	sa pei: za ju lou' te
arquivo (m)	ဖိုင်	hpain
fazer download, baixar (vt)	ဒေါင်းလော့ဒ်လုပ်သည်	daun: lo. d lou' de
criar (vt)	ဖန်တီးသည်	hpan di: de
deletar (vt)	ဖျက်သည်	hpje' te
deletado (adj)	ဖျက်ပြီးသော	hpje' pji: de.
conexão (f)	ဆက်သွယ်မှု	hse' thwe hmu.
velocidade (f)	နှုန်း	hnun:
modem (m)	မိုဒမ်း	mou dan:
acesso (m)	ဝင်လမ်း	win lan
porta (f)	ဝဲဘက်	we: be'
conexão (f)	အချိတ်အဆက်	achei' ahse'

conectar (vi)	ရိုတ်ဆက်သည်	chei' hse' te
escolher (vt)	ရွေးချယ်သည်	jwei: che de
buscar (vt)	ရှာသည်	sha de

103. Eletricidade

eletricidade (f)	လျှပ်စစ်ဓာတ်အား	hlja' si' da' a:
elétrico (adj)	လျှပ်စစ်နှင့်ဆိုင်သော	hlja' si' hnin. zain de.
planta (f) elétrica	လျှပ်စစ်ထုပ်လုပ်သောစက်ရုံ	hlja' si' htou' lou' tho: ze' joun
energia (f)	စွမ်းအင်	swan: in
energia (f) elétrica	လျှပ်စစ်စွမ်းအား	hlja' si' swan: a:

lâmpada (f)	မီးသီး	mi: dhi:
lanterna (f)	ဓာတ်မီး	da' mi:
poste (m) de iluminação	လမ်းမီး	lan: mi:

luz (f)	အလင်းရောင်	alin: jaun
ligar (vt)	ဖွင့်သည်	hpwin. de
desligar (vt)	ပိတ်သည်	pei' te
apagar a luz	မီးပိတ်သည်	mi: pi' te

queimar (vi)	မီးကျွမ်းသည်	mi: kjwan: de
curto-circuito (m)	လျှပ်စီးပတ်လမ်းပြုတ်ခြင်း	hlja' si: ba' lan: bja' chin:
ruptura (f)	ဝိုင်ယာကြိုးအပြုတ်	wain ja gjou: apja'
contato (m)	လျှပ်ကူးပစ္စည်း	hlja' ku: pji' si:

interruptor (m)	ခလုတ်	khalou'
tomada (de parede)	ပလပ်ပေါက်	pa. la' pau'
plugue (m)	ပလပ်	pa. la'
extensão (f)	ကြားဆက်ကြိုး	ka: ze' kjou:

fusível (m)	ဖျူစ်	hpju: s
fio, cabo (m)	ဝိုင်ယာကြိုး	wain ja gjou:
instalação (f) elétrica	လျှပ်စစ်ကြိုးသွယ်တန်းမှု	hlja' si' kjou: dhwe dan: hmu

ampère (m)	အမ်ပီယာ	an bi ja
amperagem (f)	အသံချဲ့စက်	athan che. zek
volt (m)	ဗို	boi.
voltagem (f)	ဗို့အား	bou. a:

| aparelho (m) elétrico | လျှပ်စစ်ပစ္စည်း | hlja' si' pji' si: |
| indicador (m) | အချက်ပြ | ache' pja. |

eletricista (m)	လျှပ်စစ်ပညာရှင်	hlja' si' pa. nja shin
soldar (vt)	ဂဟေဆော်သည်	gahei hso de
soldador (m)	ဂဟေဆော်တံ	gahei hso dan
corrente (f) elétrica	လျှပ်စီးကြောင်း	hlja' si: gjaun:

104. Ferramentas

| ferramenta (f) | ကိရိယာ | ki. ji. ja |
| ferramentas (f pl) | ကိရိယာများ | ki. ji. ja mja: |

equipamento (m)	စက်ကိရိယာပစ္စည်းများ	se' kari. ja pji' si: mja:
martelo (m)	တူ	tu
chave (f) de fenda	ဝက်အူလှည့်	we' u hli.
machado (m)	ပုဆိန်	pahsein
serra (f)	လွ	hlwa.
serrar (vt)	လွှတိုက်သည်	hlwa. dai' de
plaina (f)	ရွေပေါ်	jwei bo
aplainar (vt)	ရွေပေါ်ထိုးသည်	jwei bo dou: de
soldador (m)	ဂဟေဆော်တံ	gahei hso dan
soldar (vt)	ဂဟေဆော်သည်	gahei hso de
lima (f)	တံစဉ်း	tan zin:
tenaz (f)	သံနှုတ်	than hnou'
alicate (m)	ပလာယာ	pa. la ja
formão (m)	ဆောက်	hsau'
broca (f)	လွန်	lun
furadeira (f) elétrica	လျပ်စစ်လွန်	hlja' si' lun
furar (vt)	လွန်ဖြင့်ဖောက်သည်	lun bjin. bau' de
faca (f)	ဓား	da:
canivete (m)	မောင်းဂျက်ဓား	maun: gje' da:
lâmina (f)	ဓားသွား	da: dhwa
afiado (adj)	ချွန်ထက်သော	chwan de' te.
cego (adj)	တုံးသော	toun: dho:
embotar-se (vr)	တုံးသွားသည်	toun: dwa de
afiar, amolar (vt)	သွေးသည်	thwei: de
parafuso (m)	မူလီ	mu li
porca (f)	မူလီခေါင်း	mu li gaun:
rosca (f)	ဝက်အူရစ်	we' u ji'
parafuso (para madeira)	ဝက်အူ	we' u
prego (m)	အိမ်ရိုက်သံ	ein jai' than
cabeça (f) do prego	သံခေါင်း	than gaun:
régua (f)	ပေတံ	pei dan
fita (f) métrica	ပေကြိုး	pei gjou:
nível (m)	ရေချိန်	jei gjain
lupa (f)	မှန်ဘီလူး	hman bi lu:
medidor (m)	တိုင်းသည့်ကိရိယာ	tain: dhi. ki. ji. ja
medir (vt)	တိုင်းသည်	tain: de
escala (f)	စကေး	sakei:
indicação (f), registro (m)	ပြသောပမာက	pja. dho: ba ma na.
compressor (m)	ဖိသိပ်စက်	hpi. dhi' se'
microscópio (m)	အကြည့်ကိရိယာ	anu gji. gi. ji. ja
bomba (f)	လေထိုးစက်	lei dou: ze'
robô (m)	စက်ရုပ်	se' jou'
laser (m)	လေဇာ	lei za
chave (f) de boca	ခွ	khwa.
fita (f) adesiva	တိပ်	tei'

cola (f)	ကော်	ko
lixa (f)	ကော်ဖတ်စက္ကူ	ko hpa' se' ku
mola (f)	ညွတ်သံခွေ	hnju' dhan gwei
ímã (m)	သံလိုက်	than lai'
luva (f)	လက်အိတ်	lei' ei'
corda (f)	ကြိုး	kjou:
cabo (~ de nylon, etc.)	ကြိုးလုံး	kjou: loun:
fio (m)	ဝိုင်ယာကြိုး	wain ja gjou:
cabo (~ elétrico)	ကေဘယ်ကြိုး	kei be kjou:
marreta (f)	တူကြီး	tou gji:
pé de cabra (m)	တူးရှင်း	tu: jwin:
escada (f) de mão	လှေကား	hlei ga:
escada (m)	ခေါက်လှေကား	khau' hlei ka:
enroscar (vt)	ဝက်အူကျစ်သည်	we' u gji' te
desenroscar (vt)	ဝက်အူဖြုတ်သည်	we' u bju' te
apertar (vt)	ကျပ်သည်	kja' te.
colar (vt)	ကော်ကပ်သည်	ko ka' de
cortar (vt)	ဖြတ်သည်	hpja' te
falha (f)	ချွတ်ယွင်းချက်	chwe' jwin: che'
conserto (m)	ပြန်လည်ပြုပြင်ဆင်ခြင်း	pjan le: bjin zin gjin:
consertar, reparar (vt)	ပြန်လည်ပြုပြင်ဆင်သည်	pjan le bjin zin de
regular, ajustar (vt)	ညှိသည်	hnji. de
verificar (vt)	စစ်ဆေးသည်	si' hsei: de
verificação (f)	စစ်ဆေးခြင်း	si' hsei: gjin:
indicação (f), registro (m)	ပြသောပမာဏက	pja. dho: ba ma na.
seguro (adj)	စိတ်ချရသော	sei' cha. ja. de.
complicado (adj)	ရှုပ်ထွေးသော	sha' htwei: de.
enferrujar (vi)	သံချေးတက်သည်	than gjei: da' te
enferrujado (adj)	သံချေးတက်သော	than gjei: da' te.
ferrugem (f)	သံချေး	than gjei:

Transportes

avião (m)	လေယာဉ်	lei jan
passagem (f) aérea	လေယာဉ်လက်မှတ်	lei jan le' hma'
companhia (f) aérea	လေကြောင်း	lei gjaun:
aeroporto (m)	လေဆိပ်	lei zi'
supersônico (adj)	အသံထက်မြန်သော	athan de' mjan de.

comandante (m) do avião	လေယာဉ်မှူး	lei jan hmu:
tripulação (f)	လေယာဉ်အမှုထမ်းအဖွဲ့	lei jan ahmu. dan: ahpwe.
piloto (m)	လေယာဉ်မောင်းသူ	lei jan maun dhu
aeromoça (f)	လေယာဉ်မယ်	lei jan me
copiloto (m)	လေကြောင်းပြ	lei gjaun: bja.

asas (f pl)	လေယာဉ်တောင်ပံ	lei jan daun ban
cauda (f)	လေယာဉ်အမြီး	lei jan amji:
cabine (f)	လေယာဉ်မောင်းအခန်း	lei jan maun akhan:
motor (m)	အင်ဂျင်	in gjin
trem (m) de pouso	အောက်ခံဘောင်	au' khan baun
turbina (f)	တာဘိုင်	ta bain

hélice (f)	ပန်ကာ	pan ga
caixa-preta (f)	ဘလက်ဘောက်	ba. le' bo'
coluna (f) de controle	ပွဲကိုင်ဘီး	pe. gain bi:
combustível (m)	လောင်စာ	laun za

instruções (f pl) de segurança	အ‌ရေးပေါ်လုံခြုံရေး ညွှန်ကြားစာ	ajei: po' choun loun jei: hnjun gja: za
máscara (f) de oxigênio	အောက်ဆီဂျင်မျက်နှာဖုံး	au' hsi gjin mje' hna hpoun:
uniforme (m)	ယူနီဖောင်း	ju ni hpaun:
colete (m) salva-vidas	အသက်ကယ်အကျႌ	athe' kai in: gji
paraquedas (m)	လေထီး	lei di:

decolagem (f)	ထွက်ရွှဲခြင်း	htwe' khwa gjin:
descolar (vi)	ပျံတက်သည်	pjan de' te
pista (f) de decolagem	လေယာဉ်ပြေးလမ်း	lei jan bei: lan:

visibilidade (f)	မြင်ကွင်း	mjin gwin:
voo (m)	ပျံသန်းခြင်း	pjan dan: gjin:

altura (f)	အမြင့်	amjin.
poço (m) de ar	လေမပြည်မအရပ်	lei ma ngjin aja'

assento (m)	ထိုင်ခုံ	htain goun
fone (m) de ouvido	နားကြပ်	na: kja'
mesa (f) retrátil	ခေါက်စားပွဲ	khau' sa: bwe:
janela (f)	လေယာဉ်ပြတင်းပေါက်	lei jan bja. din: bau'
corredor (m)	မင်းလမ်း	min: lan:

106. Comboio

Português	Birmanês	Transcrição
trem (m)	ရထား	jatha:
trem (m) elétrico	လျပ်စစ်ဓာတ်အားသုံးရထား	hlja' si' da' a: dhou: ja da:
trem (m)	အမြန်ရထား	aman ja. hta:
locomotiva (f) diesel	ဒီဇယ်ရထား	di ze ja da:
locomotiva (f) a vapor	ရေနွေးငွေ့ထက်ခေါင်း	jei nwei: ngwei. ze' khaun:
vagão (f) de passageiros	အတွဲ	atwe:
vagão-restaurante (m)	စားသောက်တွဲ	sa: thau' thwe:
carris (m pl)	ရထားသံလမ်း	jatha dhan lan:
estrada (f) de ferro	ရထားလမ်း	jatha: lan:
travessa (f)	ဇလီဖားတုံး	zali ba: doun
plataforma (f)	စင်္ကြန်	sin gjan
linha (f)	ရထားစင်္ကြန်	jatha zin gjan
semáforo (m)	မီးပွိုင်	mi: bwain.
estação (f)	ဘူတာရုံ	bu da joun
maquinista (m)	ရထားမောင်းသူ	jatha: maun: dhu
bagageiro (m)	အထမ်းသမား	a htan: dha. ma:
hospedeiro, -a (m, f)	အစောင့်	asaun.
passageiro (m)	ခရီးသည်	khaji: de
revisor (m)	လက်မှတ်စစ်ဆေးသူ	le' hma' ti' hsei: dhu:
corredor (m)	ကော်ရစ်တာ	ko ji' ta
freio (m) de emergência	အရေးပေါ် ဘရိတ်	ajei: po' ba ji'
compartimento (m)	အခန်း	akhan:
cama (f)	အိပ်ဝင်	ei' zin
cama (f) de cima	အပေါ်ထပ်အိပ်ဝင်	apo htap ei' sin
cama (f) de baixo	အောက်ထပ်အိပ်ဝင်	au' hta' ei' sin
roupa (f) de cama	အိပ်ရာခင်း	ei' ja khin:
passagem (f)	လက်မှတ်	le' hma'
horário (m)	အရှိန်ဇယား	achein zaja:
painel (m) de informação	အချက်အလက်ပြနေရာ	ache' ale' pja. nei ja
partir (vt)	ထွက်ခွါသည်	htwe' khwa de
partida (f)	အထွက်	a htwe'
chegar (vi)	ဆိုက်ရောက်သည်	hseu' jau' de
chegada (f)	ဆိုက်ရောက်ရာ	hseu' jau' ja
chegar de trem	မီးရထားဖြင့်ရောက်ရှိသည်	mi: ja. da: bjin. jau' shi. de
pegar o trem	မီးရထားစီးသည်	mi: ja. da: zi: de
descer de trem	မီးရထားမှဆင်းသည်	mi: ja. da: hma. zin: de
acidente (m) ferroviário	ရထားတိုက်ခြင်း	jatha: dai' chin:
descarrilar (vi)	ရထားလမ်းချော်သည်	jatha: lan: gjo de
locomotiva (f) a vapor	ရေနွေးငွေ့ထက်ခေါင်း	jei nwei: ngwei. ze' khaun:
foguista (m)	မီးထိုးသမား	mi: dou: dhama:
fornalha (f)	မီးဖို	mi: bou
carvão (m)	ကျောက်မီးသွေး	kjau' mi dhwei:

107. Barco

navio (m)	သင်္ဘော	thin: bo:
embarcação (f)	ရေယာဉ်	jei jan
barco (m) a vapor	မီးသင်္ဘော	mi: dha. bo:
barco (m) fluvial	အပျော်စီးမော်တော်ဘုတ်ငယ်	apjo zi: mo do bou' nge
transatlântico (m)	ပင်လယ်အပျော်စီးသင်္ဘော	pin le apjo zi: dhin: bo:
cruzeiro (m)	လေယာဉ်တင်သင်္ဘော	lei jan din
iate (m)	အပျော်စီးရွက်လှေ	apjo zi: jwe' hlei
rebocador (m)	ဆွဲသင်္ဘော	hswe: thin: bo:
barcaça (f)	ဖောင်	hpaun
ferry (m)	ကူးတို့သင်္ဘော	gadou. thin: bo:
veleiro (m)	ရွက်သင်္ဘော	jwe' thin: bo:
bergantim (m)	ရွက်လှေ	jwe' hlei
quebra-gelo (m)	ရေခဲပြင်ခွဲသင်္ဘော	jei ge: bjin gwe: dhin: bo:
submarino (m)	ရေငုပ်သင်္ဘော	jei ngou' thin: bo:
bote, barco (m)	လှေ	hlei
baleeira (bote salva-vidas)	ရော်ဘာလှေ	jo ba hlei
bote (m) salva-vidas	အသက်ကယ်လှေ	athe' kai hlei
lancha (f)	မော်တော်ဘုတ်	mo to bou'
capitão (m)	ရေယာဉ်မှူး	jei jan hmu:
marinheiro (m)	သင်္ဘောသား	thin: bo: dha:
marujo (m)	သင်္ဘောသား	thin: bo: dha:
tripulação (f)	သင်္ဘောအမှုထမ်းအဖွဲ့	thin: bo: ahmu. htan: ahpwe.
contramestre (m)	ရေတပ်အရာရှိငယ်	jei da' aja shi. nge
grumete (m)	သင်္ဘောသားကလေး	thin: bo: dha: galei:
cozinheiro (m) de bordo	ထမင်းချက်	htamin: gje'
médico (m) de bordo	သင်္ဘောဆရာဝန်	thin: bo: zaja wun
convés (m)	သင်္ဘောကုန်းပတ်	thin: bo: koun: ba'
mastro (m)	ရွက်တိုင်	jwe' tai'
vela (f)	ရွက်	jwe'
porão (m)	ဝမ်းတွင်း	wan: twin:
proa (f)	ဦးပိုင်း	u: zun:
popa (f)	ပဲ့ပိုင်း	pe. bain:
remo (m)	လှော်တက်	hlo de'
hélice (f)	သင်္ဘောပန်ကာ	thin: bo: ban ga
cabine (m)	သင်္ဘောပေါ်မှအခန်း	thin: bo: bo hma. aksan:
sala (f) dos oficiais	အရာရှိများရိပ်သာ	aja shi. mja: jin dha
sala (f) das máquinas	စက်ခန်း	se' khan:
ponte (m) de comando	ကွပ်ကဲခန်း	ku' ke: khan:
sala (f) de comunicações	ရေဒီယိုခန်း	rei di jou gan:
onda (f)	လှိုင်း	hlain:
diário (m) de bordo	မှတ်တမ်းစာအုပ်	hma' tan: za ou'
luneta (f)	အဝေးကြည့်မှန်ပြောင်း	awei: gji. hman bjaun:
sino (m)	ခေါင်းလောင်း	gaun: laun:

bandeira (f)	အလံ	alan
cabo (m)	သင်္ဘောသုံးလွန်ကြိုး	thin: bo: dhaun: lun gjou:
nó (m)	ကြိုးထုံး	kjou: htoun:

| corrimão (m) | လက်ရန်း | le' jan |
| prancha (f) de embarque | သင်္ဘောကုန်းပေါင် | thin: bo: koun: baun |

âncora (f)	ကျောက်ဆူး	kjau' hsu:
recolher a âncora	ကျောက်ဆူးနုတ်သည်	kjau' hsu: nou' te
jogar a âncora	ကျောက်ရုသည်	kjau' cha. de
amarra (corrente de âncora)	ကျောက်ဆူးကြိုး	kjau' hsu: kjou:

porto (m)	ဆိပ်ကမ်း	hsi' kan:
cais, amarradouro (m)	သင်္ဘောဆိပ်	thin: bo: zei'
atracar (vi)	ဆိုက်ကပ်သည်	hseu' ka' de
desatracar (vi)	ရွန့်ပစ်သည်	sun. bi' de

viagem (f)	ခရီးထွက်ခြင်း	khaji: htwe' chin:
cruzeiro (m)	အပျော်ခရီး	apjo gaji:
rumo (m)	ဦးတည်ရာ	u: ti ja
itinerário (m)	လမ်းကြောင်း	lan: gjaun:

canal (m) de navegação	သင်္ဘောရေကြောင်း	thin: bo: jei gjaun:
banco (m) de areia	ရေတိမ်ပိုင်း	jei dein bain:
encalhar (vt)	ကမ်းကပ်သည်	kan ka' te

tempestade (f)	မုန်တိုင်း	moun dain:
sinal (m)	အချက်ပြ	ache' pja.
afundar-se (vr)	နစ်မြုပ်သည်	ni' mjou' te
Homem ao mar!	လူရေထဲကျ	lu jei de: gja
SOS	အက်စ်အိုအက်စ်	e's o e's
boia (f) salva-vidas	အသက်ကယ်ဘော	athe' kai bo

108. Aeroporto

aeroporto (m)	လေဆိပ်	lei zi'
avião (m)	လေယာဉ်	lei jan
companhia (f) aérea	လေကြောင်း	lei gjaun:
controlador (m) de tráfego aéreo	လေကြောင်းထိန်း	lei kjaun: din:

partida (f)	ထွက်ခွာရာ	htwe' khwa ja
chegada (f)	ဆိုက်ရောက်ရာ	hseu' jau' ja
chegar (vi)	ဆိုက်ရောက်သည်	hsai' jau' te

| hora (f) de partida | ထွက်ခွာချိန် | htwe' khwa gjein |
| hora (f) de chegada | ဆိုက်ရောက်ချိန် | hseu' jau' chein |

| estar atrasado | နောက်ကျသည် | nau' kja. de |
| atraso (m) de voo | လေယာဉ်နောက်ကျခြင်း | lei jan nau' kja. chin: |

painel (m) de informação	လေယာဉ်ခရီးစဉ်ပြဘုတ်	lei jan ga. ji: zi bja. bou'
informação (f)	သတင်းအချက်အလက်	dhadin: akje' ale'
anunciar (vt)	ကြေငြာသည်	kjei nja de

voo (m)	ပျံသန်းမှု	pjan dan: hmu.
alfândega (f)	အကောက်ခိုင်	akau' hsein
funcionário (m) da alfândega	အကောက်ခွန်အရာရှိ	akau' khun aja shi.

declaração (f) alfandegária	အကောက်ခွန်ကြေညာချက်	akau' khun gjei nja gje'
preencher (vt)	လျှောက်လွှာဖြည့်သည်	shau' hlwa bji. de
preencher a declaração	သယ်ယူပစ္စည်းစာရင်း ကြေညာသည်	the ju pji' si: zajin: kjei nja de
controle (m) de passaporte	ပတ်စ်ပို့ထိန်းချုပ်မှု	pa's pou. htein: gju' hmu.

bagagem (f)	ဝန်စည်စလယ်	wun zi za. li
bagagem (f) de mão	လက်ဆွဲပစ္စည်း	le' swe: pji' si:
carrinho (m)	ပစ္စည်းတင်သည့်လှည်း	pji' si: din dhe. hle:

pouso (m)	ဆင်းသက်ခြင်း	hsin: dha' chin:
pista (f) de pouso	အဆင်းလမ်း	ahsin: lan:
aterrissar (vi)	ဆင်းသက်သည်	hsin: dha' te
escada (f) de avião	လေယာဉ်လှေကား	lei jan hlei ka:

check-in (m)	စာရင်းသွင်းခြင်း	sajin: dhwin: gjin:
balcão (m) do check-in	စာရင်းသွင်းကောင်တာ	sajin: gaun da
fazer o check-in	စာရင်းသွင်းသည်	sajin: dhwin: de
cartão (m) de embarque	လေယာဉ်ပေါ်တက်ခွင့်လက်မှတ်	lei jan bo de' khwin. le' hma'
portão (m) de embarque	လေယာဉ်ထွက်ရှာရာဝိတ်	lei jan dwe' khwa ja gei'

trânsito (m)	အကူးအပြောင်း	aku: apjaun:
esperar (vi, vt)	စောင့်သည်	saun. de
sala (f) de espera	ထွက်ရှာရာခန်းမ	htwe' kha ja gan: ma.
despedir-se (acompanhar)	လိုက်ပို့သည်	lai' bou. de
despedir-se (dizer adeus)	နှုတ်ဆက်သည်	hnou' hsei' te

Eventos

festa (f)	ပျော်ပွဲရွှင်ပွဲ	pjo bwe: shin bwe:
feriado (m) nacional	အချူးသားနေ့	amjou: dha: nei.
feriado (m)	ပွဲတော်ရက်	pwe: do je'
festejar (vt)	အထိမ်းအမှတ်အဖြစ်ကျင်း ပသည်	a htin: ahma' ahpja' kjin: ba. de
evento (festa, etc.)	အဖြစ်အပျက်	a hpji' apje'
evento (banquete, etc.)	အစီအစဉ်	asi asin
banquete (m)	ဂုဏ်ပြုစားပွဲ	goun bju za: bwe:
recepção (f)	ဧည့်ကြိုနေရာ	e. gjou nei ja
festim (m)	စားသောက်ဧည့်ခံပွဲ	sa: thau' e. gan bwe:
aniversário (m)	နှစ်ပတ်လည်	hni' ba' le
jubileu (m)	ရတု	jadu.
celebrar (vt)	ကျင်းပသည်	kjin: ba. de
Ano (m) Novo	နှစ်သစ်ကူး	hni' thi' ku:
Feliz Ano Novo!	ပျော်ရွှင်ဖွယ်နှစ်သစ်ကူး ဖြစ်ပါစေ	pjo shin bwe: hni' ku: hpji' ba zei
Papai Noel (m)	ခရစ္စမတ်ဘိုးဘိုး	khari' sa. ma' bou: bou:
Natal (m)	ခရစ္စမတ်ပွဲတော်	khari' sa. ma' pwe: do
Feliz Natal!	မယ်ရီခရစ္စမတ်	me ji kha. ji' sa. ma'
árvore (f) de Natal	ခရစ္စမတ်သစ်ပင်	khari' sa. ma' thi' pin
fogos (m pl) de artifício	မီးရှူးမီးပန်း	mi: shu: mi: ban:
casamento (m)	မင်္ဂလာဆောင်ပွဲ	min ga. la zaun bwe:
noivo (m)	သတို့သား	dhadou. tha:
noiva (f)	သတို့သမီး	dhadou. thami:
convidar (vt)	ဖိတ်သည်	hpi' de
convite (m)	ဖိတ်စာကဒ်	hpi' sa ka'
convidado (m)	ဧည့်သည်	e. dhe
visitar (vt)	အိမ်လည်သွားသည်	ein le dhwa: de
receber os convidados	ဧည့်သည်ကြိုဆိုသည်	e. dhe gjou zou de
presente (m)	လက်ဆောင်	le' hsaun
oferecer, dar (vt)	ပေးသည်	pei: de
receber presentes	လက်ဆောင်ရသည်	le' hsaun ja. de
buquê (m) de flores	ပန်းစည်း	pan: ze:
felicitações (f pl)	ဂုဏ်ပြုခြင်း	goun bju chin:
felicitar (vt)	ဂုဏ်ပြုသည်	goun bju de
cartão (m) de parabéns	ဂုဏ်ပြုကဒ်	goun bju ka'
enviar um cartão postal	ပို့စ်ကဒ်ပေးသည်	pou. s ka' pei: de

receber um cartão postal	ပို့စ်ကတ်လက်ခံရရှိသည်	pou. s ka' le' khan ja. shi. de
brinde (m)	ဆုတောင်းဂုဏ်ပြုခြင်း	hsu. daun: goun pju. gjin:
oferecer (vt)	ကျေးသည်	kjwei: de
champanhe (m)	ရှန်ပိန်	shan pein
divertir-se (vr)	ပျော်ရွှင်သည်	pjo shwin de
diversão (f)	ပျော်ရွှင်မှု	pjo shwin hmu
alegria (f)	ပျော်ရွှင်ခြင်း	pjo shwin gjin:
dança (f)	အက	aka.
dançar (vi)	ကသည်	ka de
valsa (f)	ဝေါ့ဇ်အက	wo. z aka.
tango (m)	တန်ဂိုအက	tan gou aka.

110. Funerais. Enterro

cemitério (m)	သချႋုင်း	thin gjain:
sepultura (f), túmulo (m)	အုတ်ဂူ	ou' gu
cruz (f)	လက်ဝါးကပ်တိုင်အမှုတ်အသား	le' wa: ka' tain ahma' atha:
lápide (f)	အုတ်ဂူကျောက်တုံး	ou' gu kjau' toun.
cerca (f)	ခြံစည်းရိုး	chan zi: jou:
capela (f)	ဝတ်ပြုဆုတောင်းရာနေရာ	wa' pju. u. daun: ja nei ja
morte (f)	သေခြင်းတရား	thei gjin: daja:
morrer (vi)	ကွယ်လွန်သည်	kwe lun de
defunto (m)	ကွယ်လွန်သူ	kwe lun dhu
luto (m)	ဝမ်းနည်းကြေကွဲခြင်း	wan: ne: gjei gwe gjin:
enterrar, sepultar (vt)	မြေမြှုပ်သဂြိုလ်သည်	mjei hmjou' dha. gjoun de
funerária (f)	အသုဘရန်နေရာ	athu. ba. shu. jan nei ja
funeral (m)	ဈာပန	za ba. na.
coroa (f) de flores	ပန်းခွေ	pan gwei
caixão (m)	ခေါင်း	gaun:
carro (m) funerário	နိဗ္ဗာန်ယာဉ်	nei' ban jan
mortalha (f)	လူသေပတ်သည့်အဝတ်စ	lu dhei ba' the. awa' za.
procissão (f) funerária	အသုဘယာဉ်တန်း	athu. ba. in dan:
urna (f) funerária	အရိုးပြာအိုး	ajaln: bja ou.
crematório (m)	မီးသဂြိုလ်ရုံ	mi: dha. gjoun joun
obituário (m), necrologia (f)	နာရေးသတင်း	na jei: dha. din:
chorar (vi)	ငိုသည်	ngou de
soluçar (vi)	ရှိုက်ငိုသည်	shai' ngou de

111. Guerra. Soldados

pelotão (m)	တပ်စု	ta' su.
companhia (f)	တပ်ခွဲ	ta' khwe:
regimento (m)	တပ်ရင်း	ta' jin:
exército (m)	တပ်မတော်	ta' mado

divisão (f)	တိုင်းအဆင့်	tain: ahsin.
esquadrão (m)	အထူးစစ်သားအဖွဲ့ငယ်	a htu: za' tha: ahpwe. nge
hoste (f)	စစ်တပ်ဖွဲ့	si' ta' hpwe.
soldado (m)	စစ်သား	si' tha:
oficial (m)	အရာရှိ	aja shi.
soldado (m) raso	တပ်သား	ta' tha:
sargento (m)	တပ်ကြပ်ကြီး	ta' kja' kji:
tenente (m)	ဗိုလ်	bou
capitão (m)	ဗိုလ်ကြီး	bou gji
major (m)	ဗိုလ်မှူး	bou hmu:
coronel (m)	ဗိုလ်မှူးကြီး	bou hmu: gji:
general (m)	ဗိုလ်ချုပ်	bou gjou'
marujo (m)	ရေတပ်သား	jei da' tha:
capitão (m)	ဗိုလ်ကြီး	bou gji
contramestre (m)	သင်္ဘောအရာရှိငယ်	thin: bo: aja shi. nge
artilheiro (m)	အမြောက်တပ်သား	amjau' thin de.
soldado (m) paraquedista	လေထီးခုန်စစ်သား	lei di: goun zi' tha:
piloto (m)	လေယာဉ်မှူး	lei jan hmu:
navegador (m)	လေကြောင်းပြ	lei gjaun: bja.
mecânico (m)	စက်ပြင်ဆရာ	se' pjin zaja
sapador-mineiro (m)	မိုင်းရှင်းသူ	main: shin: dhu
paraquedista (m)	လေထီးခုန်သူ	lei di: goun dhu
explorador (m)	ကင်းထောက်	kin: dau'
atirador (m) de tocaia	လက်ဖြောင့်စစ်သား	le' hpaun. zi' tha:
patrulha (f)	လှည့်ကင်း	hle. kin:
patrulhar (vt)	ကင်းလှည့်သည်	kin: hle. de
sentinela (f)	ကင်းသမား	kin: dhama:
guerreiro (m)	စစ်သည်	si' te
patriota (m)	မျိုးချစ်သူ	mjou: gji dhu
herói (m)	သူရဲကောင်း	thu je: kaun:
heroína (f)	အမျိုးသမီးလူ စွမ်းကောင်း	amjou: dhami: lu swan: gaun:
traidor (m)	သစ္စာဖောက်	thi' sabau'
trair (vt)	သစ္စာဖောက်သည်	thi' sabau' te
desertor (m)	စစ်ပြေး	si' pjei:
desertar (vt)	စစ်တပ်မှထွက်ပြေးသည်	si' ta' hma. dwe' pjei: de
mercenário (m)	ကြေးစားစစ်သား	kjei: za za' tha:
recruta (m)	တပ်သားသစ်	ta' tha: dhi'
voluntário (m)	မိမိ၏ဆန္ဒ အရစစ်ထဲဝင်သူ	mi. mi. i zan da. aja. zi' hte: win dhu
morto (m)	တိုက်ပွဲကျသူ	tai' pwe: gja dhu
ferido (m)	ဒဏ်ရာရသူ	dan ja ja. dhu
prisioneiro (m) de guerra	စစ်သုံ့ပန်း	si' thoun. ban:

112. Guerra. Ações militares. Parte 1

guerra (f)	စစ်ပွဲ	si' pwe:
guerrear (vt)	စစ်ပွဲပါဝင်ဆင်နွှဲသည်	si' pwe: ba win zin hnwe: de
guerra (f) civil	ပြည်တွင်းစစ်	pji dwin: zi'
perfidamente	သစ္စာဖောက်သွေဖီလျက်	thi' sabau' thwei bi le'
declaração (f) de guerra	စစ်ကြေညာခြင်း	si' kjei nja gjin:
declarar guerra	ကြေညာသည်	kjei nja de
agressão (f)	ကျူးကျော်ရန်စမှု	kju: gjo jan za. hmu.
atacar (vt)	တိုက်ခိုက်သည်	tai' khai' te
invadir (vt)	ကျူးကျော်ဝင်ရောက်သည်	kju: gjo win jau' te
invasor (m)	ကျူးကျော်ဝင်ရောက်သူ	kju: gjo win jau' thu
conquistador (m)	အောင်နိုင်သူ	aun nain dhu
defesa (f)	ကာကွယ်ရေး	ka gwe ei:
defender (vt)	ကာကွယ်သည်	ka gwe de
defender-se (vr)	ခုခံကာကွယ်သည်	khu. gan ga gwe de
inimigo (m)	ရန်သူ	jan dhu
adversário (m)	ပြိုင်ဘက်	pjain be'
inimigo (adj)	ရန်သူ	jan dhu
estratégia (f)	မဟာဗျူဟာ	maha bju ha
tática (f)	ဗျူဟာ	bju ha
ordem (f)	အမိန့်	amin.
comando (m)	အမိန့်	amin.
ordenar (vt)	အမိန့်ပေးသည်	amin. bei: de
missão (f)	ရည်မှန်းချက်	ji hman: gje'
secreto (adj)	လျှို့ဝှက်သော	shou. hwe' te.
batalha (f)	တိုက်ပွဲငယ်	tai' pwe: nge
combate (m)	တိုက်ပွဲ	tai' pwe:
ataque (m)	တိုက်စစ်	tai' si'
assalto (m)	တဟုန်ထိုးတိုက်ခိုက်ခြင်း	tahoun
assaltar (vt)	တရြုန်းတိုက်ခိုက်သည်	tara gjan: dai' khai' te
assédio, sítio (m)	ဝန်းရံလုပ်ကြံခြင်း	wun: jan lou' chan gjin:
ofensiva (f)	ထိုးစစ်	htou: zi'
tomar à ofensiva	ထိုးစစ်ဆင်နွှဲသည်	htou: zi' hsin hnwe: de
retirada (f)	ဆုတ်ခွာခြင်း	hsou' khwa gjin
retirar-se (vr)	ဆုတ်ခွာသည်	hsou' khwa de
cerco (m)	ဝန်းရံပိတ်ဆို့ထားခြင်း	wun: jan bei' zou. da: chin:
cercar (vt)	ဝန်းရံပိတ်ဆို့ထားသည်	wun: jan bei' zou. da: de
bombardeio (m)	ဗုံးကြဲခြင်း	boun: gje: gja. gjin:
lançar uma bomba	ဗုံးကြဲသည်	boun: gje: gja. de
bombardear (vt)	ဗုံးတိုက်ခိုက်သည်	boun: gje: dai' khai' te
explosão (f)	ပေါက်ကွဲမှု	pau' kwe: hmu.
tiro (m)	ပစ်ချက်	pi' che'

dar um tiro	ပစ်သည်	pi' te
tiroteio (m)	ပစ်ခတ်ခြင်း	pi' che' chin:

apontar para …	ပစ်မှတ်ရှိန်သည်	pi' hma' chein de
apontar (vt)	ရှိန်ရှယ်သည်	chein jwe de
acertar (vt)	ပစ်မှတ်ထိသည်	pi' hma' hti. de

afundar (~ um navio, etc.)	နစ်မြုပ်သည်	ni' mjou' te
brecha (f)	အပေါက်	apau'
afundar-se (vr)	နစ်မြုပ်သည်	hni' hmjou' te

frente (m)	ရှေ့တန်း	shei. dan:
evacuação (f)	စစ်ဘေးရှောင်ခြင်း	si' bei: shaun gjin:
evacuar (vt)	စစ်ဘေးရှောင်သည်	si' bei: shaun de

trincheira (f)	ကတုတ်ကျင်း	gadou kjin:
arame (m) enfarpado	သံလူးကြီး	than zu: gjou:
barreira (f) anti-tanque	အတားအဆီး	ata: ahsi:
torre (f) de vigia	မျှော်စင်	hmjo zin

hospital (m) militar	ရှေ့တန်းစစ်ဆေးရုံ	shei. dan: zi' zei: joun
ferir (vt)	ဒဏ်ရာရသည်	dan ja ja. de
ferida (f)	ဒဏ်ရာ	dan ja
ferido (m)	ဒဏ်ရာရသူ	dan ja ja. dhu
ficar ferido	ဒဏ်ရာရစေသည်	dan ja ja. zei de
grave (ferida ~)	ပြင်းထန်သော	pjin: dan dho:

113. Guerra. Ações militares. Parte 2

cativeiro (m)	သုံ့ပန်း	thoun. ban:
capturar (vt)	သုံ့ပန်းအဖြစ်ဖမ်းသည်	thoun. ban: ahpji' hpan: de
estar em cativeiro	သုံ့ပန်းဖြစ်သွားသည်	thoun. ban: bji' thwa: de
ser aprisionado	သုံ့ပန်းအဖြစ်အဖမ်းခံရသည်	thoun. ban: ahpji' ahpan: gan ja. de

campo (m) de concentração	ညှင်းပန်းနှိပ်စက်ရာစခန်း	hnjin: ban: nei' ze' ja za. gan:
prisioneiro (m) de guerra	စစ်သုံ့ပန်း	si' thoun. ban:
escapar (vi)	လွတ်မြောက်သည်	lu' mjau' te

trair (vt)	သစ္စာဖောက်သည်	thi' sabau' te
traidor (m)	သစ္စာဖောက်သူ	thi' sabau' thu
traição (f)	သစ္စာဖောက်မှု	thi' sabau' hmu.

fuzilar, executar (vt)	ပစ်သတ်ကွပ်မျက်ခံရသည်	pi' tha' ku' mje' khan ja. de
fuzilamento (m)	ပစ်သတ်ကွပ်မျက်ခြင်း	pi' tha' ku' mje' chin:

equipamento (m)	ပစ္စည်းကိရိယာများ	pji' si: gi. ji. ja mja:
insígnia (f) de ombro	ပခုံးဘားတန်း	pakhoun: ba: dan:
máscara (f) de gás	ဓာတ်ငွေ့ကာမျက်နှာဖုံး	da' ngwei. ga mje' na boun:

rádio (m)	ရေဒီယိုစက်ကွင်း	rei di jou ze' kwin:
cifra (f), código (m)	လျှို့ဝှက်ကုဒ်သင်္ကေတ	shou. hwe' kou' dha
conspiração (f)	လျှို့ဝှက်ခြင်း	shou hwe' chin:
senha (f)	စကားဝှက်	zaga: hwe'

mina (f)	မြေမြှုပ်မိုင်း	mjei hmja' main:
minar (vt)	မိုင်းထောင်သည်	main: daun de
campo (m) minado	မိုင်းမြေ	main: mjei
alarme (m) aéreo	လေကြောင်းအန္တရာယ်သ တီဝေးခြုံသ	lei kjan: an da. ja dha. di. bei: nja. o. dhan
alarme (m)	သတိပေးခေါင်းလောင်းသံ	dhadi. pei: gaun: laun: dhan
sinal (m)	အချက်ပြ	ache' pja.
sinalizador (m)	အချက်ပြမီးကျည်	ache' pja. mi: gji
quartel-general (m)	ဌာနချုပ်	hta. na. gjou'
reconhecimento (m)	ထောက်လှမ်းခြင်း	htau' hlan: gjin:
situação (f)	အခြေအနေ	achei anei
relatório (m)	အစီရင်ခံစာ	asi jin gan za
emboscada (f)	ချုံခိုတိုက်ခိုက်ခြင်း	choun gou dai' khai' chin:
reforço (m)	စစ်ကူ	si' ku
alvo (m)	ပစ်မှတ်	pi' hma'
campo (m) de tiro	လေကျင့်ရေးကွင်း	lei. kjin. jei: gwin:
manobras (f pl)	စစ်ရေးလေ့ကျင့်မှု	si' jei: lei. gjin. hmu.
pânico (m)	ထိပ်ထိပ်ပြာပြာဖြစ်ခြင်း	htei' htei' pja bja bji' chin:
devastação (f)	ကြီးစွာသောအပျက်အစီး	kji: zwa dho apje' asi:
ruínas (f pl)	အပျက်အစီး	apje' asi:
destruir (vt)	ဖျက်ဆီးသည်	hpje' hsi: de
sobreviver (vi)	အသက်ရှင်ကျန်ရစ်သည်	athe' shin kjin ja' te
desarmar (vt)	လက်နက်သိမ်းသည်	le' ne' thain de
manusear (vt)	ကိုင်တွယ်သည်	kain dwe de
Sentido!	သတိ	thadi.
Descansar!	သက်သာ	the' tha
façanha (f)	စွန်စားမှု	sun. za: hmu.
juramento (m)	ကျမ်းသစ္စာ	kjan: thi' sa
jurar (vi)	ကျမ်းသစ္စာဆိုသည်	kjan: thi' sa hsou de
condecoração (f)	တန်ဆာဆင်မှု	tan za zin hmu.
condecorar (vt)	ဆုတံဆိပ်ချီးမြှင့်သည်	hsu. dazei' chi: hmjin. de
medalha (f)	ဆုတံဆိပ်	hsu. dazei'
ordem (f)	ဘွဲတံဆိပ်	bwe. dan zi'
vitória (f)	အောင်ပွဲ	aun bwe:
derrota (f)	အရှုံး	ashoun:
armistício (m)	စစ်ရပ်ဆိုင်းသဘော တူညီမှု	si' ja' hsain: dhabo: du nji hmu.
bandeira (f)	စံ	san
glória (f)	ထင်ပေါ်ကျော်ကြားမှု	htin bo gjo gja: hmu.
parada (f)	စစ်ရေးပြ	si' jei: bja.
marchar (vi)	စစ်ရေးပြသည်	si' jei: bja. de

114. Armas

arma (f)	လက်နက်	le' ne'
arma (f) de fogo	မီးပွင့်သေနတ်	mi: bwin. dhei na'

arma (f) branca	ဓါးအမျိုးမျိုး	da: mjou: mjou:
arma (f) química	ဓာတုလက်နက်	da tu. le' ne'
nuclear (adj)	နျူကလီးယား	nju ka. li: ja:
arma (f) nuclear	နျူကလီးယားလက်နက်	nju ka. li: ja: le' ne'

bomba (f)	ဗုံး	boun:
bomba (f) atômica	အက်တမ်ဗုံး	e' tan boun:

pistola (f)	ပစ္စတို	pji' sa. tou
rifle (m)	ရိုင်ဖယ်	jain be
semi-automática (f)	မောင်းပြန်သေနတ်	maun: bjan dhei na'
metralhadora (f)	စက်သေနတ်	se' thei na'

boca (f)	ပြောင်းဝ	pjaun: wa.
cano (m)	ပြောင်း	pjaun:
calibre (m)	သေနတ်ပြောင်းအချင်း	thei na' pjan: achin:

gatilho (m)	ခလုတ်	khalou'
mira (f)	ချိန်ရွက်	chein kwe'
carregador (m)	ကျည်ကပ်	kji ke'
coronha (f)	သေနတ်ဒင်	thei na' din

granada (f) de mão	လက်ပစ်ဗုံး	le' pi' boun:
explosivo (m)	ပေါက်ကွဲစေသောပစ္စည်း	pau' kwe: zei de. bji' si:

bala (f)	ကျည်ဆံ	kji. zan
cartucho (m)	ကျည်ဆံ	kji. zan
carga (f)	ကျည်ထိုးခြင်း	kji dou: gjin:
munições (f pl)	ခဲယမ်းမီးကျောက်	khe: jan: mi: kjau'

bombardeiro (m)	ဗုံးကြဲလေယာဉ်	boun: gje: lei jin
avião (m) de caça	တိုက်လေယာဉ်	tai' lei jan
helicóptero (m)	ရဟတ်ယာဉ်	jaha' jan

canhão (m) antiaéreo	လေယာဉ်ပစ်စက်တသေနတ်	lei jan pi' ze' dhei na'
tanque (m)	တင့်ကား	tin. ga:
canhão (de um tanque)	တင့်အပြောက်	tin. amjau'

artilharia (f)	အပြောက်	amjau'
canhão (m)	ရေးခေတ်အပြောက်	shei: gi' amjau'
fazer a pontaria	ချိန်ရွယ်သည်	chein jwe de

projétil (m)	အပြောက်ဆံ	amjau' hsan
granada (f) de morteiro	စိန်ပြောင်းကျည်	sein bjaun: gji
morteiro (m)	စိန်ပြောင်း	sein bjaun:
estilhaço (m)	ဗုံးစ	boun: za

submarino (m)	ရေအောက်နှင့်ဆိုင်သော	jei au' hnin. zain de.
torpedo (m)	တော်ပီဒို	to pi dou
míssil (m)	ဒုံး	doun:

carregar (uma arma)	ကျည်ထိုးသည်	kji dou: de
disparar, atirar (vi)	သေနတ်ပစ်သည်	thei na' pi' te
apontar para ...	ချိန်သည်	chein de
baioneta (f)	လှံစွပ်	hlan zu'
espada (f)	ရာပီယာဒားရှည်	ra pi ja da: shei

sabre (m)	စစ်သုံးဓားရှည်	si' thoun: da shi
lança (f)	လှံ	hlan
arco (m)	လေး	lei:
flecha (f)	မြား	mja:
mosquete (m)	ပြောင်းရှောသောနတ်	pjaun: gjo: dhei na'
besta (f)	ဒူးလေး	du: lei:

115. Povos da antiguidade

primitivo (adj)	ရှေးဦးကာလ	shei: u: ga la.
pré-histórico (adj)	သမိုင်းမတိုင်မီကာလ	thamain: ma. dain mi ga la.
antigo (adj)	ရှေးကျသော	shei: gja. de
Idade (f) da Pedra	ကျောက်ခေတ်	kjau' khi'
Idade (f) do Bronze	ကြေးခေတ်	kjei: gei'
Era (f) do Gelo	ရေခဲခေတ်	jei ge: gei'
tribo (f)	မျိုးနွယ်စု	mjou: nwe zu.
canibal (m)	လူသားစားလူရိုင်း	lu dha: za: lu jain:
caçador (m)	မုဆိုး	mou' hsou:
caçar (vi)	အမဲလိုက်သည်	ame: lai' de
mamute (m)	အမွေးရှည်ဆင်ကြီးတစ်မျိုး	ahmwei shei zin kji: ti' mjou:
caverna (f)	ဂူ	gu
fogo (m)	မီး	mi:
fogueira (f)	မီးပုံ	mi: boun
pintura (f) rupestre	နံရံလေးရေးပန်းချီ	nan jan zei: jei: ban: gji
ferramenta (f)	ကိရိယာ	ki. ji. ja
lança (f)	လှံ	hlan
machado (m) de pedra	ကျောက်ပုဆိန်	kjau' pu. hsain
guerrear (vt)	စစ်ပွဲတွင်ပါဝင်ဆင်နွှဲသည်	si' pwe: dwin ba win zin hnwe: de
domesticar (vt)	ယဉ်ပါးစေသည်	jin ba: zei de
ídolo (m)	ရုပ်တု	jou' tu
adorar, venerar (vt)	ကိုးကွယ်သည်	kou: kwe de
superstição (f)	အယူသီးခြင်း	aju dhi: gjin:
ritual (m)	ရိုးရာထုံးတမ်းဓလေ့	jou: ja doun: dan: da lei.
evolução (f)	ဆင့်ကဲဖြစ်စဉ်	hsln. ke. lupja' sin
desenvolvimento (m)	ဖွံ့ဖြိုးတိုးတက်မှု	hpjun. bjou: dou: de' hmu.
extinção (f)	ပျောက်ကွယ်ခြင်း	pjau' kwe gjin
adaptar-se (vr)	နေသားကျရန်ပြင်ဆင်သည်	nei dha: gja. jan bjin zin de
arqueologia (f)	ရှေးဟောင်းသုတေသန	shei: haun
arqueólogo (m)	ရှေးဟောင်းသုတေသနပညာရှင်	shei: haun thu. dei dha. na. bji nja shin
arqueológico (adj)	ရှေးဟောင်းသုတေသနဆိုင်ရာ	shei: haun thu. dei dha. na. zain ja
escavação (sítio)	တူးဖော်ရာနေရာ	tu: hpo ja nei ja
escavações (f pl)	တူးဖော်မှုလုပ်ငန်း	tu: hpo hmu. lou' ngan:
achado (m)	တွေ့ရှိချက်	twei. shi. gje'
fragmento (m)	အပိုင်းအစ	apain: asa.

116. Idade média

povo (m)	လူမျိုး	lu mjou:
povos (m pl)	လူမျိုး	lu mjou:
tribo (f)	မျိုးနွယ်စု	mjou: nwe zu.
tribos (f pl)	မျိုးနွယ်စုများ	mjou: nwe zu. mja:

bárbaros (pl)	အရိုင်းအစိုင်းများ	ajou: asain: mja:
galeses (pl)	ဂေလ်လ်လူမျိုးများ	go l lu mjou: mja:
godos (pl)	ဂေါ့တ်လူမျိုးများ	go. t lu mjou: mja:
eslavos (pl)	ဆလာဗ်လူမျိုးများ	sala' lu mjou: mja:
viquingues (pl)	ဗိုက်ကင်းလူမျိုး	bai' kin: lu mjou:

romanos (pl)	ရောမလူမျိုး	ro: ma. lu mjou:
romano (adj)	ရောမနှင့်ဆိုင်သော	ro: ma. hnin. zain de

bizantinos (pl)	ဘိုင်ဇင်တိုင်လူမျိုးများ	bain zin dain lu mjou: mja:
Bizâncio	ဘိုင်ဇင်တိုင်အင်ပါယာ	bain zin dain in ba ja
bizantino (adj)	ဘိုင်ဇင်တိုင်နှင့်ဆိုင်သော	bain zin dain hnin. zain de.

imperador (m)	ဧကရာဇ်	ei gaja'
líder (m)	ခေါင်းဆောင်	gaun: zaun
poderoso (adj)	အင်အားကြီးသော	in a: kji: de.
rei (m)	ဘုရင်	ba. jin
governante (m)	အုပ်ချုပ်သူ	ou' chou' thu

cavaleiro (m)	ဆာဘွဲ့ ရသူရဲ့ကောင်း	hsa bwe. ja. dhu je gaun
senhor feudal (m)	မြေရှင်ပဒေသရာဇ်	mjei shin badei dhaja'
feudal (adj)	မြေရှင်ပဒေသရာဇ် စနစ်နှင့်ဆိုင်သော	mjei shin badei dhaja' sani' hnin. zain de.
vassalo (m)	မြေကျွန်	mjei gjun

duque (m)	မြို့စားကြီး	mjou. za: gji:
conde (m)	ဗြိတိသျှမှူး မတ်သူရဲကောင်း	bri ti sha hmu: ma' thu je: gaun:
barão (m)	ဘယ်ရွန် အမတ်	be jwan ama'
bispo (m)	ဘုန်းတော်ကြီး	hpoun do: gji:

armadura (f)	ချပ်ဝတ်တန်ဆာ	cha' wu' tan za
escudo (m)	ဒိုင်း	dain:
espada (f)	ဓား	da:
viseira (f)	စစ်မျက်နှာကာ	si' mje' na ga
cota (f) de malha	သံဇကာချပ်ဝတ်တန်ဆာ	than za. ga gja' wu' tan za

cruzada (f)	ခရူဆိတ်ဘာသာရေးစစ်ပွဲ	kha ju: zei' ba dha jei: zi' pwe:
cruzado (m)	ခရူဆိတ်တိုက်ပွဲဝင်သူ	kha ju: zei' dai' bwe: win dhu

território (m)	နယ်မြေ	ne mjei
atacar (vt)	တိုက်ခိုက်သည်	tai' khai' te
conquistar (vt)	သိမ်းပိုက်စိုးမိုးသည်	thain: bou' sou: mou: de
ocupar, invadir (vt)	သိမ်းဝိုက်သည်	thain:

assédio, sítio (m)	ဝန်းရံလုပ်ကြံခြင်း	wun: jan lou' chan gjin:
sitiado (adj)	ဝန်းရံလုပ်ကြံခံရသော	wun: jan lou' chan gan ja. de.
assediar, sitiar (vt)	ဝန်းရံလုပ်ကြံသည်	wun: jan lou' chan de

inquisição (f)	ကာသိုလိပ်ဘုရားကျောင်း တရားစီရင်အဖွဲ့	ka tho li' bou ja: gjan: ta. ja: zi jin ahpwe.
inquisidor (m)	စစ်ကြောမေးမြန်းသူ	si' kjo: mei: mjan: dhu
tortura (f)	ညှဉ်းပန်းနှိပ်စက်ခြင်း	hnjin: ban: hnei' se' chin:
cruel (adj)	ရက်စက်ကြမ်းကြုတ်သော	je' se' kjan: gjou' te.
herege (m)	ဒိဋ္ဌိ	di hti
heresia (f)	မိစ္ဆာဒိဋ္ဌိ	mei' hsa dei' hti.
navegação (f) marítima	ပင်လယ်ပျော်	pin le bjo
pirata (m)	ပင်လယ်ဓားပြ	pin le da: bja.
pirataria (f)	ပင်လယ်ဓားပြတိုက်ခြင်း	pin le da: bja. tai' chin:
abordagem (f)	လှေကုန်းပတ်ပေါ် တိုက်ခိုက်ခြင်း	hlei goun: ba' po dou' hpou' chin:
presa (f), butim (m)	တိုက်ခိုက်ရရှိသောပစ္စည်း	tai' khai' ja. shi. dho: pji' si:
tesouros (m pl)	ရတနာ	jadana
descobrimento (m)	စူးစမ်းရှာဖွေခြင်း	su: zan: sha bwei gjin
descobrir (novas terras)	စူးစမ်းရှာဖွေသည်	su: zan: sha bwei de
expedição (f)	စူးစမ်းလေ့လာရေးခရီး	su: zan: lei. la nei: khaji:
mosqueteiro (m)	ပြောင်းချောသေနတ် ကိုင်စစ်သား	pjaun: gjo: dhei na' kain si' tha:
cardeal (m)	ရေဗျန်းခရစ်ယာန် ဘုန်းတော်ကြီး	jei bjan: khaji' jan boun: do gji:
heráldica (f)	မျိုးရိုးဘွဲ့တံဆိပ် များလေ့လာခြင်းပညာ	mjou: jou: bwe. dan zai' mja: lei. la gjin: pi nja
heráldico (adj)	မျိုးရိုးပညာလေ့လာခြင်း နှင့်ဆိုင်သော	mjou: pi nja lei. la gjin: hnin. zain de.

117. Líder. Chefe. Autoridades

rei (m)	ဘုရင်	ba jin
rainha (f)	ဘုရင်မ	ba jin ma.
real (adj)	ဘုရင်နှင့်ဆိုင်သော	ba. jin hnin. zain de
reino (m)	ဘုရင်အုပ်ချုပ်သောနိုင်ငံ	ba jin au' chou' dho nin gan
príncipe (m)	အိမ်ရှေ့မင်းသား	ein shei. min: dha:
princesa (f)	မင်းသမီး	min: dhami:
presidente (m)	သမ္မတ	thamada.
vice-presidente (m)	ဒုသမ္မတ	du. dhamada.
senador (m)	ဆီနိတ်လွှတ်တော်အမတ်	hsi nei' hlwa' do: ama'
monarca (m)	သက်ဦးဆံပိုင်	the'
governante (m)	အုပ်ချုပ်သူ	ou' chou' thu
ditador (m)	အာဏာရှင်	a na shin
tirano (m)	ဖိနှိပ်ချုပ်ချယ်သူ	hpana' chou' che dhu
magnata (m)	လုပ်ငန်းရှင်သူဌေးကြီး	lou' ngan: shin dhu dei: gji:
diretor (m)	ညွှန်ကြားရေးမှူး	hnjun gja: jei: hmu:
chefe (m)	အကြီးအကဲ	akji: ake:
gerente (m)	မန်နေဂျာ	man nei gji
patrão (m)	အကြီးအကဲ	akji: ake:
dono (m)	ပိုင်ရှင်	pain shin

líder (m)	ခေါင်းဆောင်	gaun: zaun
chefe (m)	အဖွဲ့ခေါင်းဆောင်	ahpwe. gaun: zaun:
autoridades (f pl)	အာကာပိုင်အဖွဲ့	a na bain ahpwe.
superiores (m pl)	အထက်လူကြီးများ	a hte' lu gji: mja:

governador (m)	ပြည်နယ်အုပ်ချုပ်ရေးမှူး	pji ne ou' chou' jei: hmu:
cônsul (m)	ကောင်စစ်ဝန်	kaun si' wun
diplomata (m)	သံတမန်	than taman.
Presidente (m) da Câmara	မြို့တော်ဝန်	mjou. do wun
xerife (m)	နယ်မြေတာဝန်ခံ ရဲအရာရှိ	ne mjei da wun gan je: aja shi.

imperador (m)	ဧကရာဇ်	ei gaja'
czar (m)	ဇာဘုရင်	za bou jin
faraó (m)	ရှေးအီဂျစ်နိုင်ငံဘုရင်	shei: i gji' nain ngan bu. jin
cã, khan (m)	ခန်	khan

118. Violação da lei. Criminosos. Parte 1

bandido (m)	ဓားပြ	damja.
crime (m)	ရာဇဝတ်မှု	raza. wu' hma.
criminoso (m)	ရာဇဝတ်သား	raza. wu' tha:

ladrão (m)	သူခိုး	thu khou:
roubar (vt)	ခိုးသည်	khou: de
furto, roubo (m)	ခိုးမှု	khou: hmu
roubo (atividade)	ခိုးခြင်း	khou: chin:
furto (m)	သူခိုး	thu khou:

raptar, sequestrar (vt)	ပြန်ပေးဆွဲသည်	pjan bei: zwe: de
sequestro (m)	ပြန်ပေးဆွဲခြင်း	pjan bei: zwe: gjin:
sequestrador (m)	ပြန်ပေးသမား	pjan bei: dhama:

| resgate (m) | ပြန်ရွေးငွေ | pjan jwei: ngwei |
| pedir resgate | ပြန်ပေးဆွဲသည် | pjan bei: zwe: de |

roubar (vt)	ဓားပြတိုက်သည်	damja. tai' te
assalto, roubo (m)	လုယက်မှု	lu. je' hmu.
assaltante (m)	လုယက်သူ	lu. je' dhu

extorquir (vt)	ခြိမ်းခြောက်ပြီးငွေညှစ်သည်	chein: gjau' pji: ngwe hnji' te
extorsionário (m)	ခြိမ်းခြောက်ငွေညှစ်သူ	chein: gjau' ngwe hnji' thu
extorsão (f)	ခြိမ်းခြောက်ပြီး ငွေညှစ်ခြင်း	chein: gjau' pji: ngwe hnji' chin:

matar, assassinar (vt)	သတ်သည်	tha' te
homicídio (m)	လူသတ်မှု	lu dha' hmu.
homicida, assassino (m)	လူသတ်သမား	lu dha' thama:

tiro (m)	ပစ်ချက်	pi' che'
dar um tiro	ပစ်သည်	pi' te
matar a tiro	ပစ်သတ်သည်	pi' tha' te
disparar, atirar (vi)	ပစ်သည်	pi' te
tiroteio (m)	ပစ်ချက်	pi' che'

incidente (m)	ဆူပူမှု	hsu. bu hmu.
briga (~ de rua)	ရန်ပွဲ	jan bwe:
Socorro!	ကူညီပါ	ku nji ba
vítima (f)	ရန်ပြုခံရသူ	jab bju. gan ja. dhu

danificar (vt)	ဖျက်ဆီးသည်	hpje' hsi: de
dano (m)	အပျက်အစီး	apje' asi:
cadáver (m)	အလောင်း	alaun:
grave (adj)	စိုးရိမ်ဖွယ်ဖြစ်သော	sou: jein bwe bji' te.

atacar (vt)	တိုက်ခိုက်သည်	tai' khai' te
bater (espancar)	ရိုက်သည်	jai' te
espancar (vt)	ရိုက်သည်	jai' te
tirar, roubar (dinheiro)	ယူသည်	ju de
esfaquear (vt)	ထိုးသတ်သည်	htou: dha' te
mutilar (vt)	သေရာပါအက်ရာရဧဝသည်	thei ja ba dan ja ja. zei de
ferir (vt)	ဒက်ရာရသည်	dan ja ja. de

chantagem (f)	ခြိမ်းခြောက်ငွေညှစ်ခြင်း	chein: gjau' ngwe hnji' chin:
chantagear (vt)	ခြိမ်းခြောက်ငွေညှစ်သည်	chein: gjau' ngwe hnji' te
chantagista (m)	ခြိမ်းခြောက်ငွေညှစ်သူ	chein: gjau' ngwe hnji' thu

extorsão (f)	ရာဇဝတ်ဝိုက်းဆွက်ကြေးကောက်ခြင်း	raza. wu' goun: hse' kjei: gau' chin:
extorsionário (m)	သက်ခြုကြေးတောင်းရာဇဝတ်ဝိုက်း	hse' kjei: daun: ra za. wu' gain:
gângster (m)	လူဆိုးဝိုက်ဝင်	lu zou: gain: win
máfia (f)	မာဖီးယားဝိုက်း	ma bi: ja: gain:

punguista (m)	ခါးပိုက်နှိုက်	kha: bai' hnai'
assaltante, ladrão (m)	ဖောက်ထွင်းသူခိုး	hpau' htwin: dhu gou:
contrabando (m)	မှောင်ခို	hmaun gou
contrabandista (m)	မှောင်ခိုသမား	hmaun gou dhama:

falsificação (f)	လိမ်လည်အတုပြုမှု	lein le atu. bju hmu.
falsificar (vt)	အတုလုပ်သည်	atu. lou' te
falsificado (adj)	အတု	atu.

119. Violação da lei. Criminosos. Parte 2

estupro (m)	မုဒိမ်းမှု	mu. dein: hmu.
estuprar (vt)	မုဒိန်းကျင့်သည်	mu. dein: gjin. de
estuprador (m)	မုဒိမ်းကျင့်သူ	mu. dein: gjin. dhu
maníaco (m)	အရူး	aju:

prostituta (f)	ပြည့်တန်ဆာ	pjei. dan za
prostituição (f)	ပြည့်တန်ဆာမှု	pjei. dan za hmu.
cafetão (m)	ဖာခေါင်း	hpa gaun:

drogado (m)	ဆေးစွဲသူ	hsei: zwe: dhu
traficante (m)	မူးယစ်ဆေးရောင်းဝယ်သူ	mu: ji' hsei: jaun we dhu

explodir (vt)	ပေါက်ကွဲသည်	pau' kwe: de
explosão (f)	ပေါက်ကွဲမှု	pau' kwe: hmu.

| incendiar (vt) | ဦးရှို့သည် | mi: shou. de |
| incendiário (m) | ဦးရှို့မှုကျူးလွန်သူ | mi: shou. hmu. gju: lun dhu |

terrorismo (m)	အကြမ်းဖက်ဝါဒ	akjan: be' wa da.
terrorista (m)	အကြမ်းဖက်သမား	akjan: be' tha. ma:
refém (m)	ဓားစာခံ	daza gan

enganar (vt)	လိမ်လည်သည်	lein le de
engano (m)	လိမ်လည်မှု	lein le hmu.
vigarista (m)	လူလိမ်	lu lein

subornar (vt)	လာဘ်ထိုးသည်	la' htou: de
suborno (atividade)	လာဘ်ပေးလဘ်ယူ	la' pei: la' thu
suborno (dinheiro)	လာဘ်	la'

veneno (m)	အဆိပ်	ahsei'
envenenar (vt)	အဆိပ်ခတ်သည်	ahsei' kha' te
envenenar-se (vr)	အဆိပ်သောက်သည်	ahsei' dhau' te

| suicídio (m) | မိမိကိုယ်မိမိ သတ်သေခြင်း | mi. mi. kou mi. mi. dha' thei gjin: |
| suicida (m) | မိမိကိုယ်မိမိ သတ်သေသူ | mi. mi. kou mi. mi. dha' thei dhu |

ameaçar (vt)	ခြိမ်းခြောက်သည်	chein: gjau' te
ameaça (f)	ခြိမ်းခြောက်မှု	chein: gjau' hmu.
atentar contra a vida de …	လုပ်ကြံသည်	lou' kjan de
atentado (m)	လုပ်ကြံခြင်း	lou' kjan gjin:

| roubar (um carro) | ခိုးသည် | khou: de |
| sequestrar (um avião) | လေယာဉ်အပိုင်စီးသည် | lei jan apain zi: de |

| vingança (f) | လက်စားရေခြင်း | le' sa: gjei gjin: |
| vingar (vt) | လက်စားရေသည် | le' sa: gjei de |

torturar (vt)	ညှဉ်းပန်းနှိပ်စက်သည်	hnjin: ban: hnei' se' te
tortura (f)	ညှဉ်းပန်းနှိပ်စက်ခြင်း	hnjin: ban: hnei' se' chin:
atormentar (vt)	နှိပ်စက်သည်	hnei' se' te

pirata (m)	ပင်လယ်ဓားပြ	pin le da: bja.
desordeiro (m)	လမ်းသရဲ	lan: dhaje:
armado (adj)	လက်နက်ကိုင်ဆောင်သော	le' ne' kain zaun de.
violência (f)	ရက်စက်ကြမ်းကြုတ်မှု	je' se' kjan: gjou' hmu.
ilegal (adj)	တရားမဝင်သော	taja: ma. win de.

| espionagem (f) | သူလျှိုလုပ်ခြင်း | thu shou lou' chin: |
| espionar (vi) | သူလျှိုလုပ်သည် | thu shou lou' te |

120. Polícia. Lei. Parte 1

justiça (sistema de ~)	တရားမျှတမှု	taja: hmja. ta. hmu.
tribunal (m)	တရားရုံး	taja: joun:
juiz (m)	တရားသူကြီး	taja: dhu gji:
jurados (m pl)	ဂျူရီအဖွဲ့ဝင်များ	gju ji ahpwe. win mja:

tribunal (m) do júri	ဂျူရီလူကြီးအဖွဲ့	gju ji lu gji: ahpwe.
julgar (vt)	တရားစီရင်သည်	taja: zi jin de

advogado (m)	ရှေ့နေ	shei. nei
réu (m)	တရားပြိုင်	taja: bjain
banco (m) dos réus	တရားရုံးဝက်ခြံ	taja: joun: we' khjan

acusação (f)	စွပ်စွဲခြင်း	su' swe: chin:
acusado (m)	တရားစွဲခံရသော	taja: zwe: gan ja. de.

sentença (f)	စီရင်ချက်	si jin gje'
sentenciar (vt)	စီရင်ချက်ချသည်	si jin gje' cha. de

culpado (m)	တရားခံ	tajakhan
punir (vt)	ပြစ်ဒဏ်ပေးသည်	pji' dan bei: de
punição (f)	ပြစ်ဒဏ်	pji' dan

multa (f)	ဒဏ်ငွေ	dan ngwei
prisão (f) perpétua	တစ်သက်တစ်ကျွန်းပြစ်ဒဏ်	ti' te' ti' kjun: bji' dan
pena (f) de morte	သေဒဏ်	thei dan
cadeira (f) elétrica	လျပ်စစ်ထိုင်ခုံ	hlja' si' dain boun
forca (f)	ကြိုးစင်	kjou: zin

executar (vt)	ကွပ်မျက်သည်	ku' mje' te
execução (f)	ကွပ်မျက်ခြင်း	ku' mje' gjin

prisão (f)	ထောင်	htaun
cela (f) de prisão	အကျဉ်းခန်း	achou' khan:

escolta (f)	အစောင့်အကြပ်	asaun. akja'
guarda (m) prisional	ထောင်စောင့်	htaun zaun.
preso, prisioneiro (m)	ထောင်သား	htaun dha:

algemas (f pl)	လက်ထိပ်	le' htei'
algemar (vt)	လက်ထိပ်ခတ်သည်	le' htei' kha' te

fuga, evasão (f)	ထောင်ဖောက်ပြေးခြင်း	htaun bau' pjei: gjin:
fugir (vi)	ထောင်ဖောက်ပြေးသည်	htaun bau' pjei: de
desaparecer (vi)	ပျောက်ကွယ်သည်	pjau' kwe de
soltar, libertar (vt)	ထောင်မှလွတ်သည်	htaun hma. lu' te
anistia (f)	လွတ်ငြိမ်းချမ်းသာခွင့်	lu' njein: gjan: dha gwin.

polícia (instituição)	ရဲ	je:
polícia (m)	ရဲအရာရှိ	je: aja shi.
delegacia (f) de polícia	ရဲစခန်း	je: za. gan:
cassetete (m)	သံတုတ်	than dou'
megafone (m)	လက်ကိုင်စပီကာ	le' kain za. bi ka

carro (m) de patrulha	ကင်းလှည့်ကား	kin: hle. ka:
sirene (f)	အချက်ပေးဩဩသံ	ache' pei: ou' o: dhan
ligar a sirene	အချက်ပေးဩသံဖွဲ့သည်	ache' pei: ou' o: zwe: de
toque (m) da sirene	အချက်ပေးဩသံဖွဲ့သံ	ache' pei: ou' o: zwe: dhan

cena (f) do crime	အခင်းဖြစ်ပွားရာနေရာ	achin: hpji' pwa: ja nei ja
testemunha (f)	သက်သေ	the' thei
liberdade (f)	လွတ်လပ်မှု	lu' la' hmu.

cúmplice (m)	ကြံရာပါ	kjan ja ba
escapar (vi)	ပုန်းသည်	poun: de
traço (não deixar ~s)	ခြေရာ	chei ja

121. Polícia. Lei. Parte 2

procura (f)	ဝရမ်းရှာဖွေခြင်း	wajan: sha bwei gjin:
procurar (vt)	ရှာသည်	sha de
suspeita (f)	မသကၤာမှု	ma. dhin ga hmu.
suspeito (adj)	သံသယဖြစ်ဖွယ်ကောင်းသော	than thaja. bji' hpwe gaun: de.
parar (veículo, etc.)	ရပ်သည်	ja' te
deter (fazer parar)	ထိန်းသိမ်းထားသည်	htein: dhein: da: de

caso (~ criminal)	အမှု	ahmu.
investigação (f)	စုံစမ်းစစ်ဆေးခြင်း	soun zan: zi' hsei: gjin:
detetive (m)	စုံထောက်	soun dau'
investigador (m)	အလျှတ်စုံထောက်	alu' zoun htau'
versão (f)	အဆိုကြမ်း	ahsou gjan:

motivo (m)	စေ့ဆော်မှု	sei. zo hmu.
interrogatório (m)	စစ်ကြောမှု	si' kjo: hmu.
interrogar (vt)	စစ်ကြောသည်	si' kjo: de
questionar (vt)	မေးမြန်းသည်	mei: mjan: de
verificação (f)	စစ်ဆေးသည်	si' hsei: de

batida (f) policial	ဝိုင်းဝန်းမှု	wain: wan: hmu.
busca (f)	ရှာဖွေခြင်း	sha hpwei gjin:
perseguição (f)	လိုက်လံဖမ်းဆီးခြင်း	lai' lan ban: zi: gjin:
perseguir (vt)	လိုက်သည်	lai' de
seguir, rastrear (vt)	ခြေရာခံသည်	chei ja gan de

prisão (f)	ဖမ်းဆီးခြင်း	hpan: zi: gjin:
prender (vt)	ဖမ်းဆီးသည်	hpan: zi: de
pegar, capturar (vt)	ဖမ်းမိသည်	hpan: mi. de
captura (f)	သိမ်းခြင်း	thain: gjin:

documento (m)	စာရွက်စာတမ်း	sajwe' zatan:
prova (f)	သက်သေပြချက်	the' thei pja. gje'
provar (vt)	သက်သေပြသည်	the' thei pja. de
pegada (f)	ခြေရာ	chei ja
impressões (f pl) digitais	လက်ဗွေရာများ	lei' bwei ja mja:
prova (f)	သဲလွန်စ	the: lun za.

álibi (m)	ဆင်ခြေ	hsin gjei
inocente (adj)	အပြစ်ကင်းသော	apja' kin: de.
injustiça (f)	မတရားမှု	ma. daja: hmu.
injusto (adj)	မတရားသော	ma. daja: de.

criminal (adj)	ပြုမူကျူးလွန်သော	pju. hmu. gju: lun de.
confiscar (vt)	သိမ်းယူသည်	thein: ju de
droga (f)	မူးယစ်ဆေးဝါး	mu: ji' hsei: wa:
arma (f)	လက်နက်	le' ne'
desarmar (vt)	လက်နက်သိမ်းသည်	le' ne' thain de

ordenar (vt)	အမိန့်ပေးသည်	amin. bei: de
desaparecer (vi)	ပျောက်ကွယ်သည်	pjau' kwe de
lei (f)	ဥပဒေ	u. ba. dei
legal (adj)	ဥပဒေနှင့် ညီညွတ်သော	u. ba. dei hnin. nji nju' te.
ilegal (adj)	ဥပဒေနှင့်မညီညွတ်သော	u. ba. dei hnin. ma. nji nju' te.
responsabilidade (f)	တာဝန်ယူခြင်း	ta wun ju gjin:
responsável (adj)	တာဝန်ရှိသော	ta wun shi. de.

NATUREZA

A Terra. Parte 1

122. Espaço sideral

espaço, cosmo (m)	အာကာသ	akatha.
espacial, cósmico (adj)	အာကာသနှင့်ဆိုင်သော	akatha. hnin zain dho:
espaço (m) cósmico	အာကာသဟင်းလင်းပြင်	akatha. hin: lin: bjin
mundo (m)	ကမ္ဘာ	ga ba
universo (m)	စကြဝဠာ	sa kja wa. la
galáxia (f)	ကြယ်စုတန်း	kje zu. dan:
estrela (f)	ကြယ်	kje
constelação (f)	ကြယ်နက္ခတ်စု	kje ne' kha' zu.
planeta (m)	ဂြိုဟ်	gjou
satélite (m)	ဂြိုဟ်ငယ်	gjou nge
meteorito (m)	ဥက္ကာခဲ	ou' ka ge:
cometa (m)	ကြယ်တံခွန်	kje dagun
asteroide (m)	ဂြိုဟ်သိမ်ဂြိုဟ်မွှား	gjou dhein gjou hmwa:
órbita (f)	ပတ်လမ်း	pa' lan:
girar (vi)	လည်သည်	le de
atmosfera (f)	လေထု	lei du.
Sol (m)	နေ	nei
Sistema (m) Solar	နေစကြဝဠာ	nei ze kja. wala
eclipse (m) solar	နေကြတ်ရင်း	nei gja' chin:
Terra (f)	ကမ္ဘာလုံး	ga ba loun:
Lua (f)	လ	la.
Marte (m)	အင်္ဂါဂြိုဟ်	in ga gjou
Vênus (f)	သောကြာဂြိုဟ်	thau' kja gjou'
Júpiter (m)	ကြာသပတေးဂြိုဟ်	kja dha ba. dei: gjou'
Saturno (m)	စနေဂြိုဟ်	sanei gjou'
Mercúrio (m)	ဗုဒ္ဓဟူးဂြိုဟ်	bou' da. gjou'
Urano (m)	ယူရေးနတ်ဂြိုဟ်	ju rei: na' gjou
Netuno (m)	နက်ပကျွန်းဂြိုဟ်	ne' pa. gjun: gjou
Plutão (m)	ပလုတိုဂြိုဟ်	pa lu tou gjou '
Via Láctea (f)	နဂါးငွေ့ကြယ်စုတန်း	na. ga: ngwe. gje zu dan:
Ursa Maior (f)	မြောက်ပိုင်းဂရိတ်ဘဲးရံကြယ်စု	mjau' pain: gajei' be:j gje zu.
Estrela Polar (f)	ဥဒ်ကြယ်	du wan gje
marciano (m)	အင်္ဂါဂြိုဟ်သား	in ga gjou dha:
extraterrestre (m)	အခြားကမ္ဘာဂြိုဟ်သား	apja: ga ba gjou dha

alienígena (m)	ဂြိုဟ်သား	gjou dha:
disco (m) voador	ပန်းကန်ပြားပျံ	bagan: bja: bjan
espaçonave (f)	အာကာသယာဉ်	akatha. jin
estação (f) orbital	အာကာသစခန်း	akatha. za khan:
lançamento (m)	လွှတ်တင်ခြင်း	hlu' tin gjin:
motor (m)	အင်ဂျင်	in gjin
bocal (m)	နို့ဇယ်	no ze
combustível (m)	လောင်စာ	laun za
cabine (f)	လေယာဉ်မောင်းအခန်း	lei jan maun akhan:
antena (f)	အင်တန်နာတိုင်	in tan na tain
vigia (f)	ပြတင်း	badin:
bateria (f) solar	နေရောင်ခြည်သုံးဘက်ထရီ	nei jaun gje dhoun: ba' hta ji
traje (m) espacial	အာကာသဝတ်စုံ	akatha. wu' soun
imponderabilidade (f)	အလေးချိန်ကင်းမဲ့ခြင်း	alei: gjein gin: me. gjin:
oxigênio (m)	အောက်ဆီဂျင်	au' hsi gjin
acoplagem (f)	အာကာသထဲချိတ်ဆက်ခြင်း	akatha. hte: chei' hse' chin:
fazer uma acoplagem	အာကာသထဲချိတ်ဆက်သည်	akatha. hte: chei' hse' te
observatório (m)	နက္ခတ်မျှော်စင်	ne' kha' ta. mjo zin
telescópio (m)	အဝေးကြည့်မှန်ပြောင်း	awei: gji. hman bjaun:
observar (vt)	လေ့လာကြည့်ရှုသည်	lei. la kji. hju. de
explorar (vt)	သုတေသနပြုသည်	thu. tei thana bjou de

123. A Terra

Terra (f)	ကမ္ဘာမြေကြီး	ga ba mjei kji:
globo terrestre (Terra)	ကမ္ဘာလုံး	ga ba loun:
planeta (m)	ဂြိုဟ်	gjou
atmosfera (f)	လေထု	lei du.
geografia (f)	ပထဝီဝင်	pahtawi win
natureza (f)	သဘာဝ	tha. bawa
globo (mapa esférico)	ကမ္ဘာလုံး	ga ba loun:
mapa (m)	မြေပုံ	mjei boun
atlas (m)	မြေပုံစာအုပ်	mjei boun za ou'
Europa (f)	ဥရောပ	u. jo: pa
Ásia (f)	အာရှ	a sha.
África (f)	အာဖရိက	apha. ri. ka.
Austrália (f)	ဩစတြေးလျ	thja za djei: lja
América (f)	အမေရိက	amei ji ka
América (f) do Norte	မြောက်အမေရိက	mjau' amei ri. ka.
América (f) do Sul	တောင်အမေရိက	taun amei ri. ka.
Antártida (f)	အန္တာတိတ်	anta di'
Ártico (m)	အာတိတ်	a tei'

31

2

4

124. Pontos cardeais

norte (m)	မြောက်အရပ်	mjau' aja'
para norte	မြောက်ဘက်သို့	mjau' be' thou.
no norte	မြောက်ဘက်မှာ	mjau' be' hma
do norte (adj)	မြောက်အရပ်နှင့်ဆိုင်သော	mjau' aja' hnin. zain de.

sul (m)	တောင်အရပ်	taun aja'
para sul	တောင်ဘက်သို့	taun be' thou.
no sul	တောင်ဘက်မှာ	taun be' hma
do sul (adj)	တောင်အရပ်နှင့်ဆိုင်သော	taun aja' hnin. zain de.

oeste, ocidente (m)	အနောက်အရပ်	anau' aja'
para oeste	အနောက်ဘက်သို့	anau' be' thou.
no oeste	အနောက်ဘက်မှာ	anau' be' hma
ocidental (adj)	အနောက်အရပ်နှင့်ဆိုင်သော	anau' aja' hnin. zain dho:

leste, oriente (m)	အရှေ့အရပ်	ashei. aja'
para leste	အရှေ့ဘက်သို့	ashei. be' hma
no leste	အရှေ့ဘက်မှာ	ashei. be' hma
oriental (adj)	အရှေ့အရပ်နှင့်ဆိုင်သော	ashei. aja' hnin. zain de.

125. Mar. Oceano

mar (m)	ပင်လယ်	pin le
oceano (m)	သမုဒ္ဒရာ	thamou' daja
golfo (m)	ပင်လယ်ကွေ့	pin le gwe.
estreito (m)	ရေလက်ကြား	jei le' kja:

| terra (f) firme | ကုန်းမြေ | koun: mei |
| continente (m) | တိုက် | tai' |

ilha (f)	ကျွန်း	kjun:
península (f)	ကျွန်းဆွယ်	kjun: zwe
arquipélago (m)	ကျွန်းစု	kjun: zu.

baía (f)	အော်	o
porto (m)	သင်္ဘောဆိပ်ကမ်း	thin: bo: zei' kan:
lagoa (f)	ပင်လယ်ထုံးအိုင်	pin le doun: ain
cabo (m)	အငူ	angu

atol (m)	သန္တာကျောက်တန်းကျွန်းငယ်	than da gjau' tan: gjun: nge
recife (m)	ကျောက်တန်း	kjau' tan:
coral (m)	သန္တာကောင်	than da gaun
recife (m) de coral	သန္တာကျောက်တန်း	than da gjau' tan:

profundo (adj)	နက်သော	ne' te.
profundidade (f)	အနက်	ane'
abismo (m)	ရှောက်နက်ကြီး	chau' ne' kji:
fossa (f) oceânica	မြောင်း	mjaun:

| corrente (f) | စီးကြောင်း | si: gaun: |
| banhar (vt) | ဝိုင်းသည် | wain: de |

litoral (m)	ကမ်းစပ်	kan: za'
costa (f)	ကမ်းရြေ	kan: gjei

maré (f) alta	ရေတက်	jei de'
refluxo (m)	ရေကျ	jei gja.
restinga (f)	သောင်စွယ်	thaun zwe
fundo (m)	ကြမ်းပြင်	kan: pjin

onda (f)	လှိုင်း	hlain:
crista (f) da onda	လှိုင်းခေါင်းြ	hlain: gaun: bju.
espuma (f)	အမြှုပ်	a hmjou'

tempestade (f)	မုန်တိုင်း	moun dain:
furacão (m)	ဟာရီကိန်းမုန်တိုင်း	ha ji gain: moun dain:
tsunami (m)	ဆူနာမီ	hsu na mi
calmaria (f)	ရေဒေ	jei dhei
calmo (adj)	ငြိမ်သက်အေးဆေးသော	njein dhe' ei: zei: de.

polo (m)	ဝင်ရိုးစွန်း	win jou: zun
polar (adj)	ဝင်ရိုးစွန်းနှင့်ဆိုင်သော	win jou: zun hnin. zain de.

latitude (f)	လတ္တီတွဒ်	la' ti. tu'
longitude (f)	လောင်ဂျီတွဒ်	laun gji twa'
paralela (f)	လတ္တီတွဒ်မျဉ်း	la' ti. tu' mjin:
equador (m)	အီေကွတာ	i kwei: da

céu (m)	ကောင်းကင်	kaun: gin
horizonte (m)	မိုးကုပ်စက်ဝိုင်း	mou kou' se' wain:
ar (m)	လေထု	lei du.

farol (m)	မီးပြတိုက်	mi: bja dai'
mergulhar (vi)	ရေငုပ်သည်	jei ngou' te
afundar-se (vr)	ရေမြုပ်သည်	jei mjou' te
tesouros (m pl)	ရတနာ	jadana

126. Nomes de Mares e Oceanos

Oceano (m) Atlântico	အတ္တလန္တိတ် သမုဒ္ဒရာ	a' ta. lan ti' thamou' daja
Oceano (m) Índico	အိန္ဒိယ သမုဒ္ဒရာ	indi. ja thamou. daja
Oceano (m) Pacífico	ပစိဖိတ် သမုဒ္ဒရာ	pa. ɔi. hpi' thamou' daja
Oceano (m) Ártico	အာတိတ် သမုဒ္ဒရာ	a tei' thamou' daja

Mar (m) Negro	ပင်လယ်နက်	pin le ne'
Mar (m) Vermelho	ပင်လယ်နီ	pin le ni
Mar (m) Amarelo	ပင်လယ်ဝါ	pin le wa
Mar (m) Branco	ပင်လယ်ြ	pin le bju

Mar (m) Cáspio	ကက်စပီယန် ပင်လယ်	ke' za. pi jan pin le
Mar (m) Morto	ပင်လယ်သေ	pin le dhe:
Mar (m) Mediterrâneo	မြေထဲပင်လယ်	mjei hte: bin le

Mar (m) Egeu	အေဂျီယန်းပင်လယ်	ei gi jan: bin le
Mar (m) Adriático	အဒရီရာတာစ်ပင်လယ်	a da yi ya ti' pin le
Mar (m) Arábico	အာရေဗီးယန်း ပင်လယ်	a ra bi: an: bin le

Mar (m) do Japão	ဂျပန် ပင်လယ်	gja pan pin le
Mar (m) de Bering	ဘယ်ရင်း ပင်လယ်	be jin: bin le
Mar (m) da China Meridional	တောင်တရုတ်ပင်လယ်	taun dajou' pinle

Mar (m) de Coral	ကော်ရယ်လ်ပင်လယ်	ko je l pin le
Mar (m) de Tasman	တက်စမန်းပင်လယ်	te' sa. man: bin le
Mar (m) do Caribe	ကာရေးဘီးယန်းပင်လယ်	ka rei: bi: jan: bin le

| Mar (m) de Barents | ဘာရန့်စ် ပင်လယ် | ba jan's bin le |
| Mar (m) de Kara | ကာရာ ပင်လယ် | kara bin le |

Mar (m) do Norte	မြောက်ပင်လယ်	mjau' pin le
Mar (m) Báltico	ဘော်လ်တစ်ပင်လယ်	bo' l ti' pin le
Mar (m) da Noruega	နော်ဝေးရှိယန်း ပင်လယ်	no wei: bin le

127. Montanhas

montanha (f)	တောင်	taun
cordilheira (f)	တောင်တန်း	taun dan:
serra (f)	တောင်ကြော	taun gjo:
cume (m)	ထိပ်	htei'
pico (m)	တောင်ထွတ်	taun htu'
pé (m)	တောင်ခြေ	taun gjei
declive (m)	တောင်စောင်း	taun zaun:
vulcão (m)	မီးတောင်	mi: daun
vulcão (m) ativo	မီးတောင်ရှင်	mi: daun shin
vulcão (m) extinto	မီးငြိမ်းတောင်	mi: njein: daun
erupção (f)	မီးတောင်ပေါက်ကွဲခြင်း	mi: daun pau' kwe: gjin:
cratera (f)	မီးတောင်ဝ	mi: daun wa.
magma (m)	ကျောက်ရည်ပူ	kjau' ji bu
lava (f)	ချော်ရည်	cho ji
fundido (lava ~a)	အရည်ပူသော	ajam: bu de.
cânion, desfiladeiro (m)	တောင်ကြားချိုင့်ဝှမ်းနက်	taun gja: gjain. hwan: ne'
garganta (f)	တောင်ကြား	taun gja:
fenda (f)	အက်ကွဲကြောင်း	e' kwe: gjaun:
precipício (m)	ချောက်ကမ်းပါး	chau' kan: ba:
passo, colo (m)	တောင်ကြားလမ်း	taun gja: lan:
planalto (m)	ကုန်းပြင်မြင့်	koun: bjin mjin:
falésia (f)	ကျောက်တောင်	kjau' hsain
colina (f)	တောင်ကုန်း	taun goun:
geleira (f)	ရေခဲမြစ်	jei ge: mji'
cachoeira (f)	ရေတံခွန်	jei dan khun
gêiser (m)	ရေပူစမ်း	jei bu zan:
lago (m)	ရေကန်	jei gan
planície (f)	မြေပြန့်	mjei bjan:
paisagem (f)	ရှုခင်း	shu. gin:
eco (m)	ပဲ့တင်သံ	pe. din than

alpinista (m)	တောင်တက်သမား	taun de' thama:
escalador (m)	ကျောက်တောင်တက်သမား	kjau' taun de dha ma:
conquistar (vt)	အောင်နိုင်သူ	aun nain dhu
subida, escalada (f)	တောင်တက်ခြင်း	taun de' chin:

128. Nomes de montanhas

Alpes (m pl)	အဲလ်ပ်တောင်	e.lp daun
Monte Branco (m)	မောင့်ဘလန့်စ်တောင်	maun. ba. lan. s taun
Pirineus (m pl)	ပိရန်းနီးစ်တောင်	pi jan: ni:s taun
Cárpatos (m pl)	ကာပဆီယန့်စ်တောင်	ka pa. dhi jan s taun
Urais (m pl)	ယူရယ်တောင်တန်း	ju re daun dan:
Cáucaso (m)	ကော့ကေးဇ်တောင်တန်း	ko: kei: zi' taun dan:
Elbrus (m)	အယ်ဘရုတ်စ်တောင်	e ba. ja's daun
Altai (m)	အယ်လတိုင်တောင်	e la. tain daun
Tian Shan (m)	တိုင်ယန့်ရှန်းတောင်	tain jan shin: daun
Pamir (m)	ပါမီယာတောင်တန်း	pa mi ja daun dan:
Himalaia (m)	ဟိမဝ္ဏာတောင်တန်း	hi. ma. wan da daun dan:
monte Everest (m)	ဝဝရဘ်တောင်	ei wa. ja' taun
Cordilheira (f) dos Andes	အန်းဒိတောင်တန်း	an: di daun dan:
Kilimanjaro (m)	ကိလီမန်ဂျာရိုတောင်	ki li man gja gou daun

129. Rios

rio (m)	မြစ်	mji'
fonte, nascente (f)	စမ်း	san:
leito (m) de rio	ရေစကြောစီးကြောင်း	jei gjo: zi: gjaun:
bacia (f)	မြစ်ချိုင့်ဝှမ်း	mji' chain. hwan:
desaguar no ...	စီးဝင်သည်	si: win de
afluente (m)	မြစ်လက်တက်	mji' le' te'
margem (do rio)	ကမ်း	kan:
corrente (f)	စီးကြောင်း	si: gaun:
rio abaixo	ရေဆန်	jei zoun
rio acima	ရေဆန်	jei zan
inundação (f)	ရေကြီးမှု	jei gji: hmu.
cheia (f)	ရေလျှံခြင်း	jei shan gjin:
transbordar (vi)	လျှံသည်	shan de
inundar (vt)	ရေလွှမ်းသည်	jei hlwan: de
banco (m) de areia	ရေတိမ်ပိုင်း	jei dein bain:
corredeira (f)	ရေအောက်ကျောက်ဆောင်	jei au' kjau' hsaun
barragem (f)	ဆည်	hse
canal (m)	တူးမြောင်း	tu: mjaun:
reservatório (m) de água	ရေလှောင်ကန်	jei hlaun gan
eclusa (f)	ရေလွှဲပေါက်	jei hlwe: bau'

corpo (m) de água	ေ	jei du.
pântano (m)		shwan njun
lamaçal (m)		sein. mjei
redemoinho (m)		jei we:

riacho (m)		chaun: galei:
potável (adj)		thau' jei
doce (água)		jei gjou

gelo (m)		jei ge:
congelar-se (vr)		jei ge: de

130. Nomes de rios

rio Sena (m)		sein mji'
rio Loire (m)		lo ji mji'

rio Tâmisa (m)		thain: mji'
rio Reno (m)		rain: mji'
rio Danúbio (m)		din na. ju mji'

rio Volga (m)		bo la. ga mja'
rio Don (m)		dun mja'
rio Lena (m)		li na mji'

rio Amarelo (m)		mji' wa
rio Yangtzé (m)		jan zi: mji'
rio Mekong (m)		me: gaun mji'
rio Ganges (m)		gan ga. mji'

rio Nilo (m)		nain: mji'
rio Congo (m)		kun gou mji'
rio Cubango (m)		ai' hou ban
rio Zambeze (m)		zan bi zi: mji'
rio Limpopo (m)		lin po pou mji'
rio Mississippi (m)		mi' si. si. pi. mji'

131. Floresta

floresta (f), bosque (m)		thi' to:
florestal (adj)		thi' to: hnin. zain de.

mata (f) fechada		htu da' te. do:
arvoredo (m)		thi' pin ou'
clareira (f)		to: dwin: la. ha bjin

matagal (m)		choun bei' paun:
mato (m), caatinga (f)		choun hta naun: de.

pequena trilha (f)		lu dhwa: lan: ga. lei:
ravina (f)		shou
árvore (f)		thi' pin

folha (f)	သစ်ရွက်	thi' jwe'
folhagem (f)	သစ်ရွက်များ	thi' jwe' mja:
queda (f) das folhas	သစ်ရွက်ကြွေခြင်း	thi' jwe' kjwei gjin:
cair (vi)	သစ်ရွက်ကြွေသည်	thi' jwe' kjwei de
topo (m)	အဖျား	ahpja:
ramo (m)	အကိုင်းခွဲ	akain: khwe:
galho (m)	ပင်မကိုင်း	pin ma. gain:
botão (m)	အဖူး	ahpu:
agulha (f)	အပ်နှင့်တူသောအရွက်	a' hnin. bu de. ajwe'
pinha (f)	ထင်းရှူးသီး	htin: shu: dhi:
buraco (m) de árvore	အခေါင်းပေါက်	akhaun: bau'
ninho (m)	ငှက်သိုက်	hnge' thai'
toca (f)	မြေတွင်း	mjei dwin:
tronco (m)	ပင်စည်	pin ze
raiz (f)	အမြစ်	amji'
casca (f) de árvore	သစ်ခေါက်	thi' khau'
musgo (m)	ရေညှိ	jei hnji.
arrancar pela raiz	အမြစ်မှဆွဲနှုတ်သည်	amji' hma zwe: hna' te
cortar (vt)	ခုတ်သည်	khou' te
desflorestar (vt)	တောပျက်စေသည်	to: bjoun: zei de
toco, cepo (m)	သစ်ငုတ်တို	thi' ngou' tou
fogueira (f)	မီးပုံ	mi: boun
incêndio (m) florestal	မီးလောင်ခြင်း	mi: laun gjin:
apagar (vt)	မီးသတ်သည်	mi: tha' de
guarda-parque (m)	တောခေါင်း	to: gaun:
proteção (f)	သစ်တောဝန်ထမ်း	thi' to: wun dan:
proteger (a natureza)	ထိန်းသိမ်းစောင့်ရှောက်သည်	htein: dhein: zaun. shau' te
caçador (m) furtivo	မိုးယှဉ်သူ	khou: ju dhu
armadilha (f)	သံမကိုထောင်ရှောက်	than mani. daun gjau'
colher (cogumelos)	ဆွတ်သည်	hsu' te
colher (bagas)	ခူးသည်	khu: de
perder-se (vr)	လမ်းပျောက်သည်	lan: bjau' de

132. Recursos naturais

recursos (m pl) naturais	သယံဇာတ	thajan za da.
minerais (m pl)	တွင်းထွက်ပစ္စည်း	twin: htwe' pji' si:
depósitos (m pl)	နံနံ	noun:
jazida (f)	ဓာတ်သတ္တုထွက်ရာမြေ	da' tha' tu dwe' ja mjei
extrair (vt)	တူးဖော်သည်	tu: hpo de
extração (f)	တူးဖော်ခြင်း	tu: hpo gjin:
minério (m)	သတ္တုရိုင်း	tha' tu. jain:
mina (f)	သတ္တုတွင်း	tha' tu. dwin:
poço (m) de mina	မိုင်းတွင်း	main: dwin:
mineiro (m)	သတ္တုတွင်း အလုပ်သမား	tha' tu. dwin: alou' thama:

| gás (m) | တာတ်ငွေ | da' ngwei. |
| gasoduto (m) | ဓါတ်ငွေ့ပိုက်လိုင်း | da' ngwei. bou' lain: |

petróleo (m)	ရေနံ	jei nan
oleoduto (m)	ရေနံပိုက်လိုင်း	jei nan bou' lain:
poço (m) de petróleo	ရေနံတွင်း	jei nan dwin:
torre (f) petrolífera	ရေနံစင်	jei nan zin
petroleiro (m)	လောင်စာတင်သင်္ဘော	laun za din dhin bo:

areia (f)	သဲ	the:
calcário (m)	ထုံးကျောက်	htoun: gjau'
cascalho (m)	ကျောက်စရစ်	kjau' sa. ji'
turfa (f)	မြေဆွေးခဲ	mjei zwei: ge:
argila (f)	မြေစေး	mjei zei:
carvão (m)	ကျောက်မီးသွေး	kjau' mi dhwei:

ferro (m)	သံ	than
ouro (m)	ရွှေ	shwei
prata (f)	ငွေ	ngwei
níquel (m)	နီကယ်	ni ke
cobre (m)	ကြေးနီ	kjei: ni

zinco (m)	သွပ်	thu'
manganês (m)	မင်္ဂနီစ်	ma' ga. ni:s
mercúrio (m)	ပြဒါး	bada:
chumbo (m)	ခဲ	khe:

mineral (m)	သတ္တုၟ္ဂတား	tha' tu. za:
cristal (m)	သလင်းကျောက်	thalin: gjau'
mármore (m)	စကျင်ကျောက်	zagjin kjau'
urânio (m)	ယူရေနီယမ်	ju rei ni jan

A Terra. Parte 2

Português	Burmês	Transliteração
tempo (m)	ရာသီဥတု	ja dhi nja. tu.
previsão (f) do tempo	မိုးလေဝသခန့်မှန်းချက်	mou: lei wa. dha. gan. hman: gje'
temperatura (f)	အပူချိန်	apu gjein
termômetro (m)	သာမိုမီတာ	tha mou mi ta
barômetro (m)	လေဖိအားတိုင်းကိရိယာ	lei bi. a: dain: gi. ji. ja
úmido (adj)	စိုထိုင်းသော	sou htain: de
umidade (f)	စိုထိုင်းမှု	sou htain: hmu.
calor (m)	အပူရှိန်	apu shein
tórrido (adj)	ပူလောင်သော	pu laun de.
está muito calor	ပူလောင်ခြင်း	pu laun gjin:
está calor	နွေးခြင်း	nwei: chin:
quente (morno)	နွေးသော	nwei: de.
está frio	အေးခြင်း	ei: gjin:
frio (adj)	အေးသော	ei: de.
sol (m)	နေ	nei
brilhar (vi)	သာသည်	tha de
de sol, ensolarado	နေသာသော	nei dha de.
nascer (vi)	နေထွက်သည်	nei dwe' te
pôr-se (vr)	နေဝင်သည်	nei win de
nuvem (f)	တိမ်	tein
nublado (adj)	တိမ်ထူသော	tein du de
nuvem (f) preta	မိုးတိမ်	mou: dain
escuro, cinzento (adj)	ညို့မိုင်းသော	njou. hmain: de.
chuva (f)	မိုး	mou:
está a chover	မိုးရွာသည်	mou: jwa de.
chuvoso (adj)	မိုးရွာသော	mou: jwa de.
chuviscar (vi)	မိုးဖွဲဖွဲရွာသည်	mou: bwe: bwe: jwa de
chuva (f) torrencial	သည်းထန်စွာရွာသောမိုး	thi: dan zwa jwa dho: mou:
aguaceiro (m)	မိုးပုဆိုန်	mou: bu. zain
forte (chuva, etc.)	မိုးသည်းသော	mou: de: de.
poça (f)	ရေအိုင်	jei ain
molhar-se (vr)	မိုးမိသည်	mou: mi de
nevoeiro (m)	မြူ	mju
de nevoeiro	မြူတုထထ်သော	mju htu hta' te.
neve (f)	နင်း	hnin:
está nevando	နင်းကျသည်	hnin: gja. de

134. Tempo extremo. Catástrofes naturais

trovoada (f)	မိုးသက်မုန်တိုင်း	mou: dhe' moun dain:
relâmpago (m)	လျပ်စီး	hlja' si:
relampejar (vi)	လျပ်ပြက်သည်	hlja' pje' te
trovão (m)	မိုးကြိုး	mou: kjou:
trovejar (vi)	မိုးကြိုးပစ်သည်	mou: gjou: pi' te
está trovejando	မိုးကြိုးပစ်သည်	mou: gjou: pi' te
granizo (m)	မိုးသီး	mou: dhi:
está caindo granizo	မိုးသီးကြွသည်	mou: dhi: gjwei de
inundar (vt)	ရေကြီးသည်	jei gji: de
inundação (f)	ရေကြီးမှု	jei gji: hmu.
terremoto (m)	ငလျင်	nga ljin
abalo, tremor (m)	တုန်ခါခြင်း	toun ga gjin:
epicentro (m)	ငလျင်ဗဟိုချက်	nga ljin ba hou che'
erupção (f)	မီးတောင်ပေါက်ကွဲခြင်း	mi: daun pau' kwe: gjin:
lava (f)	ချော်ရည်	cho ji
tornado (m)	လေဆင်နှာမောင်း	lei zin hna maun:
tufão (m)	တိုင်ဖွန်းမုန်တိုင်း	tain hpun moun dain:
furacão (m)	ဟာရီကိန်းမုန်တိုင်း	ha ji gain: moun dain:
tempestade (f)	မုန်တိုင်း	moun dain:
tsunami (m)	ဆူနာမီ	hsu na mi
ciclone (m)	ဆိုင်ကလုန်းမုန်တိုင်း	hsain ga. loun: moun dain:
mau tempo (m)	ဆိုးရွားသောရာသီဥတု	hsou: jwa: de. ja dhi u. tu.
incêndio (m)	မီးလောင်ခြင်း	mi: laun gjin:
catástrofe (f)	ဘေးအန္တရာယ်	bei: an daje
meteorito (m)	ဥက္ကာခဲ	ou' ka ge:
avalanche (f)	ရေခဲနှင့်ကျောက်တုံးများထိုးကျခြင်း	jei ge: hnin kjau' toun: mja: htou: gja. gjin:
deslizamento (m) de neve	လေတိုက်ပြီးဖြစ်နေသောနင်းပွ	lei dou' hpji: bi' nei dho: hnin: boun
nevasca (f)	နင်းမုန်တိုင်း	hnin: moun dain:
tempestade (f) de neve	နင်းမုန်တိုင်း	hnin: moun dain:

Fauna

135. Mamíferos. Predadores

predador (m)	သားရဲ	tha: je:
tigre (m)	ကျား	kja:
leão (m)	ခြင်္သေ့	chin dhei.
lobo (m)	ဝံပုလွေ	wun bu. lwei
raposa (f)	မြေခွေး	mjei gwei:
jaguar (m)	ဂျာဂွာကျားသစ်မျိုး	gja gwa gja: dhi' mjou:
leopardo (m)	ကျားသစ်	kja: dhi'
chita (f)	သစ်ကျွတ်	thi' kjou'
pantera (f)	ကျားသစ်နက်	kja: dhi' ne'
puma (m)	ပြူးမားတောင်ခြေသေ့	pju. ma: daun gjin dhei.
leopardo-das-neves (m)	ရေခဲတောင်ကျားသစ်	jei ge: daun gja: dhi'
lince (m)	လင့်ကြောင်မြီးတို	lin. gjaun mji: dou
coiote (m)	ဝံပုလွေငယ်တစ်မျိုး	wun bu. lwei nge di' mjou:
chacal (m)	ခွေးအ	khwei: a.
hiena (f)	ဟိုင်းအီးနား	hain i: na:

136. Animais selvagens

animal (m)	တိရစ္ဆာန်	tharei' hsan
besta (f)	ခြေလေးချောင်းသတ္တဝါ	chei lei: gjaun: dhadawa
esquilo (m)	ရှဉ့်	shin.
ouriço (m)	ဖြူကောင်	hpju gaun
lebre (f)	တောယုန်ကြီး	to: joun gji:
coelho (m)	ယုန်	joun
texugo (m)	ခွေးတူဝက်တူကောင်	khwei: du we' tu gaun
guaxinim (m)	ရက်ကွန်းဝံ	je' kwan: wan
hamster (m)	မြီးတိုပိုးတွဲကြွက်	mji: dou ba: dwe: gjwe'
marmota (f)	မားမိုတ်ကောင်	ma: mou. t gaun
toupeira (f)	ပွေး	pwei:
rato (m)	ကြွက်	kjwe'
ratazana (f)	မြေကြွက်	mjei gjwe'
morcego (m)	လင်းနို့	lin: nou.
arminho (m)	အားမင်ကောင်	a: min gaun
zibelina (f)	ဆေဘယ်	hsei be
marta (f)	အသားစားအကောင်ငယ်	atha: za: akaun nge
doninha (f)	သားစားဖျံ	tha: za: bjan
visom (m)	မင့်ခမြွေပါ	min kh mjwei ba

| castor (m) | ဖျံကြီးတစ်မျိုး | hpjan gji: da' mjou: |
| lontra (f) | ဖျံ | hpjan |

cavalo (m)	မြင်း	mjin:
alce (m)	ဦးချိုပြားသော သမင်ကြီး	u: gjou bja: dho: thamin gji:
veado (m)	သမင်	thamin
camelo (m)	ကုလားအုတ်	kala: ou'

bisão (m)	အမေရိကန်ပြောင်	amei ji kan pjaun
auroque (m)	အောရက်စ်	o: re' s
búfalo (m)	ကျဲ	kjwe:

zebra (f)	မြင်းကျား	mjin: gja:
antílope (m)	အပြေးမြန်သော တောဆိတ်	apjei: mjan de. hto: zei'
corça (f)	ဒရယ်ငယ်တစ်မျိုး	da. je nge da' mjou:
gamo (m)	ဒရယ်	da. je
camurça (f)	တောင်ဆိတ်	taun zei'
javali (m)	တောဝက်ထီး	to: we' hti:

baleia (f)	ဝေလငါး	wei la. nga:
foca (f)	ပင်လယ်ဖျံ	pin le bjan
morsa (f)	ဝါရပ်စ်ဖျံ	wo: ra's hpjan
urso-marinho (m)	အမွေးပါသောပင် လယ်ဖျံ	amwei: pa dho: bin le hpjan
golfinho (m)	လင်းပိုင်	lin: bain

urso (m)	ဝက်ဝံ	we' wun
urso (m) polar	ဝိုလာဝက်ဝံ	pou la we' wan
panda (m)	ပန်ဒါဝက်ဝံ	pan da we' wan

macaco (m)	မျောက်	mjau'
chimpanzé (m)	ချင်ပင်ဇီမျောက်ဝံ	chin pin zi mjau' wan
orangotango (m)	အော်ရန်အူတန်လူဝံ	o ran u tan lu wun
gorila (m)	ဂေါ်ရီလာမျောက်ဝံ	go ji la mjau' wun
macaco (m)	မာကာဂွေမျောက်	ma ga gwei mjau'
gibão (m)	မျောက်လွှေကျော်	mjau' hlwe: gjo

elefante (m)	ဆင်	hsin
rinoceronte (m)	ကြံ့	kjan.
girafa (f)	သစ်ကုလားအုတ်	thi' ku. la ou'
hipopótamo (m)	ရေမြင်း	jei mjin:

| canguru (m) | သားပိုက်ကောင် | tha: bai' kaun |
| coala (m) | ကိုအာလာဝက်ဝံ | kou a la we' wun |

mangusto (m)	မွှေပါ	mwei ba
chinchila (f)	ချင်းချီလာ	chin: chi la
cangambá (f)	စကန့်ဖျံ	sakan. kh hpjan
porco-espinho (m)	ဖြူ	hpju

137. Animais domésticos

gata (f)	ကြောင်	kjaun
gato (m) macho	ကြောင်ထီး	kjaun di:
cão (m)	ခွေး	khwei:

cavalo (m)	မြင်း	mjin:
garanhão (m)	မြင်းထီး	mjin: di:
égua (f)	မြင်းမ	mjin: ma.

vaca (f)	နွား	nwa:
touro (m)	နွားထီး	nwa: di:
boi (m)	နွားထီး	nwa: di:

ovelha (f)	သိုး	thou:
carneiro (m)	သိုးထီး	thou: hti:
cabra (f)	ဆိတ်	hsei'
bode (m)	ဆိတ်ထီး	hsei' hti:

| burro (m) | မြည်း | mji: |
| mula (f) | လား | la: |

porco (m)	ဝက်	we'
leitão (m)	ဝက်ကလေး	we' ka lei:
coelho (m)	ယုန်	joun

| galinha (f) | ကြက် | kje' |
| galo (m) | ကြက်ဖ | kje' pha. |

pata (f), pato (m)	ဘဲ	be:
pato (m)	ဘဲထီး	be: di:
ganso (m)	ဘဲငန်း	be: ngan:

| peru (m) | ကြက်ဆင် | kje' hsin |
| perua (f) | ကြက်ဆင် | kje' hsin |

animais (m pl) domésticos	အိမ်မွေးတိရစ္ဆာန်များ	ein mwei: ti. ji. swan mja:
domesticado (adj)	ယဉ်ပါးသော	jin ba: de.
domesticar (vt)	ယဉ်ပါးစေသည်	jin ba: zei de
criar (vt)	သားဖေါက်သည်	tha: bau' te

fazenda (f)	စိုက်ပျိုးမွေးမြူရေးခြံ	sai' pjou: mwei: mju jei: gjan
aves (f pl) domésticas	ကြက်ဌက်တိရွှန်	kje' ti ji za hsan
gado (m)	ကျွန်ားတိရွှန်	kjwe: nwa: tarei. zan
rebanho (m), manada (f)	အုပ်	ou'

estábulo (m)	မြင်းဇာဇာင်း	mjin: zaun:
chiqueiro (m)	ဝက်ခြံ	we' khan
estábulo (m)	နွားတင်းကုပ်	nwa: din: gou'
coelheira (f)	ယုန်အိမ်	joun ein
galinheiro (m)	ကြက်လှောင်အိမ်	kje' hlaun ein

138. Pássaros

pássaro (m), ave (f)	ဌက်	hnge'
pombo (m)	ခို	khou
pardal (m)	စာကလေး	sa ga, lei;
chapim-real (m)	စာဝတီးဌက်	sa wadi: hnge'
pega-rabuda (f)	ဌက်ကျား	hnge' kja:
corvo (m)	ကျီးနက်	kji: ne'

gralha-cinzenta (f)	ကျီးကန်း	kji: kan:
gralha-de-nuca-cinzenta (f)	ဥရောပကျီးတစ်မျိုး	u. jo: pa gji: di' mjou:
gralha-calva (f)	ကျီးအ	kji: a.
pato (m)	ဘဲ	be:
ganso (m)	ဘဲငန်း	be: ngan:
faisão (m)	ရစ်ငှက်	ji' hnge'
águia (f)	လင်းယုန်	lin: joun
açor (m)	သိမ်းငှက်	thain: hnge'
falcão (m)	အမဲလိုက်သိမ်းငှက်တစ်မျိုး	ame: lai' thein: hnge' ti' mjou:
abutre (m)	လင်းတ	lin: da.
condor (m)	တောင်အမေရိကလင်းတ	taun amei ri. ka. lin: da.
cisne (m)	ငန်း	ngan:
grou (m)	ငှက်ကုလား	hnge' ku. la:
cegonha (f)	ချည်ခင်စွပ်ငှက်	che gin zu' hnge'
papagaio (m)	ကြက်တူရွေး	kje' tu jwei:
beija-flor (m)	ငှက်ပိတုန်း	hnge' pi. doun:
pavão (m)	ဥဒေါင်း	u. daun:
avestruz (m)	ငှက်ကုလားအုတ်	hnge' ku. la: ou'
garça (f)	ငဟစ်ငှက်	nga hi' hnge'
flamingo (m)	ကြိုးကြာနီ	kjou: kja: ni
pelicano (m)	ငှက်ကြီးဝန်ပို	hnge' kji: wun bou
rouxinol (m)	တေးဆိုငှက်	tei: hsou hnge'
andorinha (f)	ပျံလွှား	pjan hlwa:
tordo-zornal (m)	မြေလူးငှက်	mjei lu: hnge'
tordo-músico (m)	တေးဆိုမြေလူးငှက်	tei: hsou mjei lu: hnge'
melro-preto (m)	ငှက်မည်း	hnge' mji:
andorinhão (m)	ပျံလွှားတစ်မျိုး	pjan hlwa: di' mjou:
cotovia (f)	ဘီလုံးငှက်	bi loun: hnge'
codorna (f)	ငုံး	ngoun:
pica-pau (m)	သစ်တောက်ငှက်	thi' tau' hnge'
cuco (m)	ဥဩငှက်	udhja hnge'
coruja (f)	ဇီးကွက်	zi: gwe
bufo-real (m)	သိမ်းငှက်အနွယ်ဝင်ဇီးကွက်	thain: hnge' anwe win zi: gwe'
tetraz-grande (m)	ရစ်	ji'
tetraz-lira (m)	ရစ်နက်	ji' ne'
perdiz-cinzenta (f)	ခါ	kha
estorninho (m)	ကျွဲဆက်ရက်	kjwe: hse' je'
canário (m)	စာဝါငှက်	sa wa hnge'
galinha-do-mato (f)	ရစ်ညို	ji' njou
tentilhão (m)	စာကျွဲခေါင်း	sa gjwe: gaun:
dom-fafe (m)	စာကျွဲခေါင်းငှက်	sa gjwe: gaun: hngwe'
gaivota (f)	စင်ရော်	sin jo
albatroz (m)	ပင်လယ်စင်ရော်ကြီး	pin le zin jo gji:
pinguim (m)	ပင်ဂွင်း	pin gwin:

139. Peixes. Animais marinhos

brema (f)	ငါးကြင်းတစ်မျိုး	nga: gjin: di' mjou
carpa (f)	ငါးကြင်း	nga gjin:
perca (f)	ငါးပြေမတစ်မျိုး	nga: bjei ma. di' mjou:
siluro (m)	ငါးခူ	nga: gu
lúcio (m)	ပိုက်ငါး	pai' nga
salmão (m)	ဆော်လမွန်ငါး	hso: la. mun nga:
esturjão (m)	စတာဂျင်ငါးကြီးမျိုး	sata gjin nga: gji: mjou:
arenque (m)	ငါးသလောက်	nga: dha. lau'
salmão (m) do Atlântico	ဆော်လမွန်ငါး	hso: la. mun nga:
cavala, sarda (f)	မက်ကရယ်ငါး	me' ka. je nga:
solha (f), linguado (m)	ဥရောပ ငါးခွေးလျှာတစ်မျိုး	u. jo: pa nga: gwe: sha di' mjou:
lúcio perca (m)	ငါးပြေမအနွယ်ဝင်ငါးတစ်မျိုး	nga: bjei ma. anwe win nga: di' mjou:
bacalhau (m)	ငါးကြီးဆီထုတ်သောငါး	nga: gji: zi dou' de. nga:
atum (m)	တူနာငါး	tu na nga:
truta (f)	ထရောက်ငါး	hta. jau' nga:
enguia (f)	ငါးရှဉ့်	nga: shin.
raia (f) elétrica	ငါးလက်ထုံ	nga: le' htoun
moreia (f)	ငါးရှဉ့်ကြီးတစ်မျိုး	nga: shin. gji: da' mjou:
piranha (f)	အသားစားငါးငယ်တစ်မျိုး	atha: za: nga: nge ti' mjou:
tubarão (m)	ငါးမန်း	nga: man:
golfinho (m)	လင်းပိုင်	lin: bain
baleia (f)	ဝေလငါး	wei la. nga:
caranguejo (m)	ကဏန်း	kanan:
água-viva (f)	ငါးဖန်ခွက်	nga: hpan gwe'
polvo (m)	ရေဘဝဲ	jei ba. we:
estrela-do-mar (f)	ကြယ်ငါး	kje nga:
ouriço-do-mar (m)	သံပချုပ်	than ba. gjou'
cavalo-marinho (m)	ရေနဂါး	jei naga:
ostra (f)	ကမာကောင်	kama kaun
camarão (m)	ပုစွန်	bazun
lagosta (f)	ကျောက်ပုစွန်	kjau' pu. zun
lagosta (f)	ကျောက်ပုစွန်	kjau' pu. zun

140. Anfíbios. Répteis

cobra (f)	မြွေ	mwei
venenoso (adj)	အဆိပ်ရှိသော	ahsei' shi. de.
víbora (f)	မြွေပွေး	mwei bwei:
naja (f)	မြွေဟောက်	mwei hau'
píton (m)	စပါးအုံးမြွေ	saba: oun: mwei

jiboia (f)	စပါးကြီးမြွေ	saba: gji: mwei
cobra-de-água (f)	မြက်လျောမြွေ	mje' sho: mwei
cascavel (f)	ခလောက်ဆွဲမြွေ	kha. lau' hswe: mwei
anaconda (f)	အနာကွန်ဒါမြွေ	ana kun da mwei
lagarto (m)	တွားသွားသတ္တဝါ	twa: dhwa: tha' tawa
iguana (f)	ဖွတ်	hpu'
varano (m)	ပုတ်သင်	pou' thin
salamandra (f)	ရေပုတ်သင်	jei bou' thin
camaleão (m)	ပုတ်သင်ညို	pou' thin njou
escorpião (m)	ကင်းမြီးကောက်	kin: mji: kau'
tartaruga (f)	လိပ်	lei'
rã (f)	ဖား	hpa:
sapo (m)	ဖားပြုပ်	hpa: bju'
crocodilo (m)	မိကျောင်း	mi. kjaun:

141. Insetos

inseto (m)	ပိုးမွား	pou: hmwa:
borboleta (f)	လိပ်ပြာ	lei' pja
formiga (f)	ပုရွက်ဆိတ်	pu. jwe' hsei'
mosca (f)	ယင်ကောင်	jin gaun
mosquito (m)	ခြင်	chin
escaravelho (m)	ပိုးတောင်မာ	pou: daun ma
vespa (f)	နကျယ်ကောင်	na. gje gaun
abelha (f)	ပျား	pja
mamangaba (f)	ပိတုန်း	pi. doun:
moscardo (m)	မှက်	hme'
aranha (f)	ပင့်ကူ	pjin. gu
teia (f) de aranha	ပင့်ကူအိမ်	pjin gu ein
libélula (f)	ပုစဉ်း	bazin
gafanhoto (m)	နံကောင်	hnan gaun
traça (f)	ပိုးဖလံ	pou: ba. lan
barata (f)	ပိုးဟပ်	pou: ha'
carrapato (m)	မွား	hmwa:
pulga (f)	သန်း	than:
borrachudo (m)	မှက်အသေးစား	hme' athei: za:
gafanhoto (m)	ကျိုင်းကောင်	kjain: kaun
caracol (m)	ခရု	khaju.
grilo (m)	ပုရစ်	paji'
pirilampo, vaga-lume (m)	ပိုးစုန်းကြူး	pou: zoun: gju:
joaninha (f)	လေဒီဘာပိုးတောင်မာ	lei di ba' pou: daun ma
besouro (m)	အုန်းပိုး	oun: bou:
sanguessuga (f)	မျှော့	hmjo.
lagarta (f)	ပေါက်ဖက်	pau' hpe'
minhoca (f)	တီကောင်	ti gaun
larva (f)	ပိုးတုံးလုံး	pou: doun: loun:

Flora

142. Árvores

árvore (f)	သစ်ပင်	thi' pin
decídua (adj)	ရွက်ပြတ်	jwe' pja'
conífera (adj)	ထင်းရှူးပင်နှင့်ဆိုင်သော	htin: shu: bin hnin. zain de.
perene (adj)	အဲ့ဘားရရင်းပင်	e ba: ga rin: bin

macieira (f)	ပန်းသီးပင်	pan: dhi: bin
pereira (f)	သစ်တော်ပင်	thi' to bin
cerejeira (f)	ချယ်ရှိသီးအချိုပင်	che ji dhi: akjou bin
ginjeira (f)	ချယ်ရှိသီးအချဉ်ပင်	che ji dhi: akjin bin
ameixeira (f)	ဆီးပင်	hsi: bin

bétula (f)	ဘုဇဝတ်ပင်	bu. za. ba' pin
carvalho (m)	ဝက်သစ်ချပင်	we' thi' cha. bin
tília (f)	လင်ဒန်ပင်	lin dan pin
choupo-tremedor (m)	ပေါ်ပုလာပင်တစ်မျိုး	po. pa. la bin di' mjou:
bordo (m)	မေပုယ်ပင်	mei pe bin
espruce (m)	ထင်းရှူးပင်တစ်မျိုး	htin: shu: bin ti' mjou:
pinheiro (m)	ထင်းရှူးပင်	htin: shu: bin
alerce, lariço (m)	ကဒေါ်ဘွန်ဒင်ထင်းရှူးပင်	ka dau. boun din: shu: pin
abeto (m)	ထင်းရှူးပင်တစ်မျိုး	htin: shu: bin ti' mjou:
cedro (m)	သစ်ကတိုးပင်	thi' gadou: bin

choupo, álamo (m)	ပေါ်ပုလာပင်	po. pa. la bin
tramazeira (f)	ရာအန်ပင်	ra an bin
salgueiro (m)	မိုးမဂပင်	mou: ma. ga. bin
amieiro (m)	အိုင်ဒါပင်	oun da bin
faia (f)	ယင်းသစ်	jin: dhi'
ulmeiro, olmo (m)	အမ်ပင်	an bin
freixo (m)	အက်ရှိအပင်	e' sh apin
castanheiro (m)	သစ်အာပင်	thi' e

magnólia (f)	တတိုင်းဟွေးပင်	ta tain: hmwei: bin
palmeira (f)	ထန်းပင်	htan: bin
cipreste (m)	စိုက်ပရက်စ်ပင်	sai' pa. je's pin

mangue (m)	လမုပင်	la. mu. bin
embondeiro, baobá (m)	ကန္တာရပေါက်ပင်တစ်မျိုး	kan ta ja. bau' bin di' chju:
eucalipto (m)	ယူကလစ်ပင်	ju kali' pin
sequoia (f)	ဆီဂွိုလာပင်	hsi gwou la pin

143. Arbustos

| arbusto (m) | ချုံပုတ် | choun bou' |
| arbusto (m), moita (f) | ချုံ | choun |

| videira (f) | စပျစ် | zabji' |
| vinhedo (m) | စပျစ်ခြံ | zabji' chan |

framboeseira (f)	ရတ်စဘယ်ရီ	re' sa be ji
groselheira-negra (f)	ဘလက်ကားရန့်	ba. le' ka: jan.
groselheira-vermelha (f)	အနီရောင်ဘယ်ရီသီး	ani jaun be ji dhi:
groselheira (f) espinhosa	ကုလားဆီးဖြူပင်	kala: zi: hpju pin

acácia (f)	အကေရှားပင်	akei sha: bin:
bérberis (f)	ဘားဘယ်ရီပင်	ba: be' ji bin
jasmim (m)	စံပယ်ပင်	san be bin

junípero (m)	ဂျူနီပါပင်	gju ni ba bin
roseira (f)	နှင်းဆီချုံ	hnin: zi gjun
roseira (f) brava	တောရိုင်းနှင်းဆီပင်	to: ein: hnin: zi bin

144. Frutos. Bagas

| fruta (f) | အသီး | athi: |
| frutas (f pl) | အသီးများ | athi: mja: |

maçã (f)	ပန်းသီး	pan: dhi:
pera (f)	သစ်တော်သီး	thi' to dhi:
ameixa (f)	ဆီးသီး	hsi: dhi:

morango (m)	စတော်ဘယ်ရီသီး	sato be ri dhi:
ginja (f)	ချယ်ရီရှည်သီး	che ji gjin dhi:
cereja (f)	ချယ်ရီချိုသီး	che ji gjou dhi:
uva (f)	စပျစ်သီး	zabji' thi:

framboesa (f)	ရတ်စဘယ်ရီ	re' sa be ji
groselha (f) negra	ဘလက်ကားရန့်	ba. le' ka: jan.
groselha (f) vermelha	အနီရောင်ဘယ်ရီသီး	ani jaun be ji dhi:
groselha (f) espinhosa	ကလားဆီးဖြူ	ka. la: his: hpju
oxicoco (m)	ကရမ်ဘယ်ရီ	ka. jan be ji

laranja (f)	လိမ္မော်သီး	limmo dhi:
tangerina (f)	ပျားလိမ္မော်သီး	pja: lein mo dhi:
abacaxi (m)	နာနတ်သီး	na na' dhi:
banana (f)	ငှက်ပျောသီး	hnge' pjo: dhi:
tâmara (f)	စွန်ပလွံသီး	sun palun dhi:

limão (m)	သံပုလိုသီး	than bu. jou dhi:
damasco (m)	တရုတ်ဆီးသီး	jau' hsi: dhi:
pêssego (m)	မက်မွန်သီး	me' mwan dhi:

| quiuí (m) | ကီဝီသီး | ki wi dhi |
| toranja (f) | ဂရိတ်ဖရှသီး | ga. ri' hpa. ju dhi: |

baga (f)	ဘယ်ရီသီး	be ji dhi:
bagas (f pl)	ဘယ်ရီသီးများ	be ji dhi: mja:
arando (m) vermelho	အနီရောင်ဘယ်ရီသီးတစ်မျိုး	ani jaun be ji dhi: di: mjou:
morango-silvestre (m)	စတော်ဘယ်ရီရိုင်း	sato be ri jain:
mirtilo (m)	ဘီလဘယ်ရီအသီး	bi' l be ji athi:

145. Flores. Plantas

flor (f)	ပန်း	pan:
buquê (m) de flores	ပန်းစည်း	pan: ze:
rosa (f)	နှင်းဆီပန်း	hnin: zi ban:
tulipa (f)	ကျူးလစ်ပန်း	kju: li' pan:
cravo (m)	ေဆးမွှားပန်း	zo hmwa: bin:
gladíolo (m)	သစ္စာပန်း	thi' sa ban:
centáurea (f)	အပြာရောင်တောပန်းတစ်မျိုး	apja jaun dho ban: da' mjou:
campainha (f)	ခေါင်းရန်းအပြာပန်း	gaun: jan: apja ban:
dente-de-leão (m)	တောပန်းအဝါတစ်မျိုး	to: ban: awa ti' mjou:
camomila (f)	မေမြို့ပန်း	mei. mjou. ban:
aloé (m)	ရှားစောင်းလက်ပတ်ပင်	sha: zaun: le' pa' pin
cacto (m)	ရှားစောင်းပင်	sha: zaun: bin
fícus (m)	ရော်ဘာပင်	jo ba bin
lírio (m)	နင်းပန်း	hnin: ban:
gerânio (m)	ကြေပန်းတစ်မျိုး	kjwei ban: da' mjou:
jacinto (m)	ဗေဒါပန်း	bei da ba:
mimosa (f)	ထိကရုံကြီးပင်	hti. ga. joun: gji: bin
narciso (m)	နားဆောကစ်ပင်	na: zi ze's pin
capuchinha (f)	တောင်ကြာကလေး	taun gja galei:
orquídea (f)	သစ်ခွပင်	thi' khwa. bin
peônia (f)	စန္ဒာပန်း	san dapan:
violeta (f)	ဝိုင်းအိုးလက်	bain: ou le'
amor-perfeito (m)	ေပါင်ဒါပန်း	paun da ban:
não-me-esqueças (m)	ခင်မမေ့ပန်း	khin ma. mei. pan:
margarida (f)	ေဒစီပန်း	dei zi bin
papoula (f)	ဘိန်းပင်	bin: bin
cânhamo (m)	ေဆးေြခာက်ပင်	hsei: chau' pin
hortelã, menta (f)	ပူစီနံ	pu zi nan
lírio-do-vale (m)	နင်းပန်းတစ်မျိုး	hnin: ban: di' mjou:
campânula-branca (f)	နင်းေခါင်းေလာင်းပန်း	hnin: gaun: laun: ban:
urtiga (f)	ဖက်ယားပင်	hpe' ja: bin
azedinha (f)	မျော်ရှဉ့်ပင်	hmjo gji bin
nenúfar (m)	ကြာ	kja
samambaia (f)	ဖန်းပင်	hpan: bin
líquen (m)	သစ်ကပ်မှော်	thi' ka' hmo
estufa (f)	ဖန်လုံအိမ်	hpan ain
gramado (m)	မြက်ခင်း	mje' khin:
canteiro (m) de flores	ပန်းစိုက်ခင်း	pan: zai' khan:
planta (f)	အပင်	apin
grama (f)	မြက်	mje'
folha (f) de grama	ရွက်ချွန်း	jwe' chun:

139

folha (f)	အရွက်	ajwa'
pétala (f)	ပွင့်ချပ်	pwin: gja'
talo (m)	ပင်စည်	pin ze
tubérculo (m)	ဥမြစ်	u. mi'

| broto, rebento (m) | အစို့အညှောက် | asou./a hnjau' |
| espinho (m) | ဆူး | hsu: |

florescer (vi)	ပွင့်သည်	pwin: de
murchar (vi)	ညှိုးနွမ်းသည်	hnjou: nun: de
cheiro (m)	အနံ့	anan.
cortar (flores)	ရိတ်သည်	jei' te
colher (uma flor)	ခူးသည်	khu: de

146. Cereais, grãos

grão (m)	နံစားပင်တို့ ၏ အစေ့အဆံ	hnan za: bin dou. i. asei. ahsan
cereais (plantas)	ကောက်ပဲသီးနှံ	kau' pe: dhi: nan
espiga (f)	အနံ့	ahnan

trigo (m)	ဂျုံ	gja. mei: ka:
centeio (m)	ဂျုံရိုင်း	gjoun jain:
aveia (f)	မြင်းစားဂျုံ	mjin: za: gjoun
painço (m)	ကောက်ပဲသီးနှံပင်	kau' pe: dhi: nan bin
cevada (f)	မူယောစပါး	mu. jo za. ba:

milho (m)	ပြောင်းဖူး	pjaun: bu:
arroz (m)	ဆန်စပါး	hsan zaba
trigo-sarraceno (m)	ပန်းဂျုံ	pan: gjun

ervilha (f)	ပဲစေ့	pe: zei.
feijão (m) roxo	ဗိုလ်စားပဲ	bou za: be:
soja (f)	ပဲပိုပဲ	pe: bou' pe
lentilha (f)	ပဲနီကလေး	pe: ni ga. lei:
feijão (m)	ပဲအမျိုးမျိုး	pe: amjou: mjou:

PAÍSES. NACIONALIDADES

147. Europa Ocidental

Europa (f)	ဥရောပ	u. jo: pa
União (f) Europeia	ဥရောပသမဂ္ဂ	u. jo: pa dha: me' ga.
Áustria (f)	ဩစတြီးယား	o. sa. tji: ja:
Grã-Bretanha (f)	အင်္ဂလန်	angga. lan
Inglaterra (f)	အင်္ဂလန်	angga. lan
Bélgica (f)	ဘယ်လ်ဂျီယံ	be l gji jan
Alemanha (f)	ဂျာမန်	gja man
Países Baixos (m pl)	နယ်သာလန်	ne dha lan
Holanda (f)	ဟော်လန်	ho lan
Grécia (f)	ဂရိ	ga. ri.
Dinamarca (f)	ဒိန်းမတ်	dein: ma'
Irlanda (f)	အိုင်ယာလန်	ain ja lan
Islândia (f)	အိုက်စလန်း	ai' sa lan:
Espanha (f)	စပိန်	sapein
Itália (f)	အီတလီ	ita. li
Chipre (m)	ဆူးပရက်စ်	hsu: pa. je' s te.
Malta (f)	မာတာ	ma ta
Noruega (f)	နော်ဝေး	no wei:
Portugal (m)	ပေါ်တူဂီ	po tu gi
Finlândia (f)	ဖင်လန်	hpin lan
França (f)	ပြင်သစ်	pjin dhi'
Suécia (f)	ဆွီဒင်	hswi din
Suíça (f)	ဆွစ်ဇာလန်	hswa' za lan
Escócia (f)	စကော့တလန်	sa. ko: talan
Vaticano (m)	ဗာတီကန်	ba di gan
Liechtenstein (m)	ဗာတီကန်လူမျိုး	ba di gan dhu mjo:
Luxemburgo (m)	လျူဆန်ဘော့	lju hsan bo.
Mônaco (m)	မိုနာကို	mou na kou

148. Europa Central e de Leste

Albânia (f)	အယ်လ်ဘေးနီးယား	e l bei: ni: ja:
Bulgária (f)	ဘူလ်ဂေးရီးယား	bou gei: ji: ja
Hungria (f)	ဟန်ဂေရီ	han gei ji
Letônia (f)	လတ်ဗီယန်	la' bi jan
Lituânia (f)	လစ်သူနီယံ	li' thu ni jan
Polônia (f)	ပိုလန်	pou lan

Romênia (f)	ရူမေးနီးယား	ru mei: ni: ja:
Sérvia (f)	ဆယ်ဗီယံ	hse bi jan.
Eslováquia (f)	ဆလိုဗာကီယာ	hsa. lou ba ki ja
Croácia (f)	ခရိုအေးရှား	kha. jou ei: sha:
República (f) Checa	ချက်	che'
Estônia (f)	အက်စ်တိုးနီးယား	e's to' ni: ja:
Bósnia e Herzegovina (f)	ဘော့စ်နီးယားနှင့်ဟာဇီဂိုဗီနာ	bo'. ni: ja: hnin. ha zi gou bi na
Macedônia (f)	မက်ဆီဒိုးနီးယား	me' hsi: dou: ni: ja:
Eslovênia (f)	ဆလိုဗီနီးယား	hsa. lou bi ni: ja:
Montenegro (m)	မွန်တန်နီဂရို	mun dan ni ga. jou

149. Países da ex-URSS

Azerbaijão (m)	အာဇာဘိုင်ဂျန်း	a za bain gjin:
Armênia (f)	အာမေးနီးယား	a me: ni: ja:
Belarus	ဘီလာရုစ်	bi la ju'
Geórgia (f)	ဂျော်ဂျီယာ	gjo gji ja
Cazaquistão (m)	ကာဇက်စတန်	ka ze' satan
Quirguistão (m)	ကစ်ဂီကစ္စတန်	ki' ji ki' za. tan
Moldávia (f)	မိုဒိုရာ	mou dou ja
Rússia (f)	ရုရှား	ru. sha:
Ucrânia (f)	ယူကရိန်း	ju ka. jein:
Tajiquistão (m)	တာဂျစ်ကစ္စတန်	ta gji' ki' sa. tan
Turquemenistão (m)	တတ်မင်နစ္စတန်	ta' min ni' sa. tan
Uzbequistão (f)	ဥဇဘက်ကစ္စတန်	u. za. be' ki' sa. tan

150. Asia

Ásia (f)	အာရှ	a sha.
Vietnã (m)	ဗီယက်နမ်	bi je' nan
Índia (f)	အိန္ဒိယ	indi. ja
Israel (m)	အစ္စရေး	a' sa. jei:
China (f)	တရုတ်	tajou'
Líbano (m)	လက်ဘနွန်	le' ba. nun
Mongólia (f)	မွန်ဂိုလီးယား	mun gou li: ja:
Malásia (f)	မလေးရှား	ma. lei: sha:
Paquistão (m)	ပါကစ္စတန်	pa ki' sa. tan
Arábia (f) Saudita	ဆော်ဒီအာရေ့ဗီးယား	hso: di a jei. bi: ja:
Tailândia (f)	ထိုင်း	htain:
Taiwan (m)	ထိုင်ဝမ်	htain wan
Turquia (f)	တူရကီ	tu ra. ki
Japão (m)	ဂျပန်	gja pan
Afeganistão (m)	အာဖဂန်နစ္စတန်	apha. gan na' tan

Bangladesh (m)	ဘင်္ဂလားဒေ့ရှ်	bang la: dei. sh
Indonésia (f)	အင်ဒိုနီးရှား	in do ni: sha:
Jordânia (f)	ဂျော်ဒန်	gjo dan
Iraque (m)	အီရတ်	ira'
Irã (m)	အီရန်	iran
Camboja (f)	ကမ္ဘောဒီးယား	ga khan ba di: ja:
Kuwait (m)	ကုဝိတ်	ku wi'
Laos (m)	လာအို	la ou
Birmânia (f)	မြန်မာ	mjan ma
Nepal (m)	နီပေါ	ni po:
Emirados Árabes Unidos	အာရပ်နိုင်ငံများ	a ra' nain ngan mja:
Síria (f)	ဆီးရီးယား	hsi: ji: ja:
Palestina (f)	ပါလက်စတိုင်း	pa le' sa tain:
Coreia (f) do Sul	တောင်ကိုရီးယား	taun kou ri: ja:
Coreia (f) do Norte	မြောက်ကိုရီးယား	mjau' kou ji: ja:

151. América do Norte

Estados Unidos da América	အမေရိကန် ပြည်ထောင်စု	amei ji kan pji htaun zu
Canadá (m)	ကနေဒါနိုင်ငံ	ka. nei da nain gan
México (m)	မက္ကစီကိုနိုင်ငံ	me' ka. hsi kou nain ngan

152. América Central do Sul

Argentina (f)	အာဂျင်တီးနား	agin ti: na:
Brasil (m)	ဘရာဇီလ်	ba. ra zi'l
Colômbia (f)	ကိုလံဘီးယား	kou lan: bi: ja:
Cuba (f)	ကျူးဘား	kju: ba:
Chile (m)	ချီလီ	chi li
Bolívia (f)	ဘိုလစ်ဗီးယား	bou la' bi: ja:
Venezuela (f)	ဗင်နီဇွဲလား	be ni zwe: la:
Paraguai (m)	ပါရာဂွေး	pa ja gwei:
Peru (m)	ပီရူး	pi ju:
Suriname (m)	ဆူရီနိမ်း	hsu. ji nei:
Uruguai (m)	အူရူဂွေး	ou. ju gwei:
Equador (m)	အီကွေဒေါ	i kwei: do:
Bahamas (f pl)	ဘာဟားမက်	ba ha me'
Haiti (m)	ဟိုင်တီ	hain ti
República Dominicana	ဒိုမီနီကန်	dou mi ni kan
Panamá (m)	ပနားမား	pa. na: ma:
Jamaica (f)	ဂျမေးကား	g'me:kaa:

153. Africa

Egito (m)	အီဂျစ်	igji'
Marrocos	မော်ရိုကို	mo jou gou
Tunísia (f)	တူနစ်ရှား	tu ni' sha:
Gana (f)	ဂါနာ	ga na
Zanzibar (m)	ဇန်ဇီဘာ	zan zi ba
Quênia (f)	ကင်ညာ	kin nja
Líbia (f)	လီဗီယာ	li bi ja
Madagascar (m)	မာဒဂက်ကာစကာ	ma de' ka za ga
Namíbia (f)	နမီမီးဘီးယား	nami: bi: ja:
Senegal (m)	ဆယ်နီဂေါ်	hse ni go
Tanzânia (f)	တန်ဇားနီးယား	tan za: ni: ja:
África (f) do Sul	တောင်အာဖရိက	taun a hpa. ji. ka.

154. Austrália. Oceania

Austrália (f)	သြစတြေးလျ	thja za djei: lja
Nova Zelândia (f)	နယူးဇီလန်	na. ju: zi lan
Tasmânia (f)	တာစ်မေးနီးယား	ta. s mei: ni: ja:
Polinésia (f) Francesa	ပြင်သစ် ပေါ်လီးနီးရှား	pjin dhi' po li: ni: sha:

155. Cidades

Amesterdã, Amsterdã	အမ်စတာဒမ်မြို့	an za ta dan mjou.
Ancara	အင်ကာရာမြို့	an ga ja mjou.
Atenas	အေသင်မြို့	e thin mjou.
Bagdade	ဘဂ္ဂဒတ်မြို့	ba' ga. da mjou.
Bancoque	ဘန်ကောက်မြို့	ban gou' mjou.
Barcelona	ဘာစီလိုနာမြို့	ba zi lou na mjou.
Beirute	ဘီရုမြို့	bi ja ju. mjou.
Berlim	ဘာလင်မြို့	ba lin mjou.
Bonn	ဘွန်းမြို့	bwun: mjou.
Bordéus	ဘော်ဒိုးမြို့	bo dou: mjou.
Bratislava	ဘရာတဒ်ဆလာဗာမြို့	ba. ra ta' hsa. la ba mjou.
Bruxelas	ဘရပ်ဆဲလ်မြို့	ba. ja' hse:' mjou.
Bucareste	ဗူးခရက်မြို့	bu: ga. ja' mjou.
Budapeste	ဘုဒါပတ်စ်မြို့	bu da pa' s mjou.
Cairo	ကိုင်ရိုမြို့	kain jou mjou.
Calcutá	ကာလကတ္တားမြို့	ka la ka' ta mjou.
Chicago	ရှီကာဂိုမြို့	chi ka gou mjou.
Cidade do México	မက္ကဆီကိုမြို့	me' ka. hsi kou mjou.
Copenhague	ကိုပင်ဟေးဂင်မြို့	kou pin hei: gin mjou.
Dar es Salaam	ဒါရုစလမ်မြို့	da ju za. lan mjou.
Deli	ဒေလီမြို့	dei li mjou.

Dubai	ဒူဘိုင်းမြို့	du bain mjou.
Dublim	ဒဗ္လင်မြို့	da' ba lin mjou.
Düsseldorf	ဂျူဆက်ဒေါ့မြို့	gju hse' do. hp mjou.
Estocolmo	စတော့ဟုန်းမြို့	sato. houn: mjou.
Florença	ဖလောရန်စ်မြို့	hpa. lau jan s mjou.
Frankfurt	ဖရန့်ဖွာ့တ်မြို့	hpa. jan. hpa. t. mjou.
Genebra	ဂျနီဘာမြို့	gja. ni ba mjou.
Haia	ဒဟာဂူးမြို့	da. ha gu: mjou.
Hamburgo	ဟန်းဘာ့ဂ်မြို့	han: ba. k mjou.
Hanói	ဟနွိုင်းမြို့	ha. noin: mjou.
Havana	ဟာဘားနားမြို့	ha ba: na: mjou.
Helsinque	ဟယ်လ်ဆင်ကီမြို့	he l hsin ki mjou.
Hiroshima	ဟီရိုရှီးမားမြို့	hi jou si: ma: mjou.
Hong Kong	ဟောင်ကောင်မြို့	haun: gaun: mjou.
Istambul	အစ္စတန်ဘူလ်မြို့	a' sa. tan bun mjou.
Jerusalém	ဂျေရုဆလင်မြို့	gjei jou hsa. lin mjou.
Kiev, Quieve	ကီးယဗ်မြို့	ki: je' mjou.
Kuala Lumpur	ကွာလာလမ်ပူမြို့	kwa lan pu mjou.
Lion	လိုင်ယွန်မြို့	lain jun mjou.
Lisboa	လစ်စဘွန်းမြို့	li' sa bun: mjou.
Londres	လန်ဒန်မြို့	lan dan mjou.
Los Angeles	လော့အိန်ဂျယ်လ်မြို့	lau in gja. li mjou.
Madrid	မက်ဒရစ်မြို့	ma' da. ji' mjou.
Marselha	မာဇေးမြို့	ma zei: mjou.
Miami	မီရာမီမြို့	mi ja mi mjou.
Montreal	မွန်ထရီရယ်မြို့	mun da. ji je mjou.
Moscou	မော်စကိုမြို့	ma sa. kou mjou.
Mumbai	မွန်ဘိုင်းမြို့	mun bain mjou.
Munique	မြူးနစ်မြို့	mju: ni' mjou.
Nairóbi	နိုင်ရိုဘီမြို့	nain jou bi mjo.
Nápoles	နေပေါမြို့	ni po: mjou.
Nice	နိုက်စ်မြို့	nai's mjou.
Nova York	နယူးယောက်မြို့	na. ju: jau' mjou.
Oslo	အော်စလိုမြို့	o sa lou mjou.
Ottawa	အော့တဝါမြို့	o. ta wa mjou.
Paris	ပဲရစ်မြို့	pe: jl' mjou.
Pequim	ပီကင်းမြို့	pi gin: mjou.
Praga	ပရာ့မြို့	pa. ra' mjou.
Rio de Janeiro	ရီယိုအေဂျန်နီရိုမြို့	ri jou dei: gjan ni jou mjou.
Roma	ရောမမြို့	ro: ma. mjou.
São Petersburgo	စိန့်ပီတာစဘာ့ဂ်မြို့	sein. pi ta za ba' mjou.
Seul	ဆိုးလ်မြို့	hsou: l mjou.
Singapura	စင်္ကာပူ	sin ga pu
Sydney	စစ်ဒနေမြို့	si' danei mjou.
Taipé	တိုင်ပေမြို့	tain bei mjou.
Tóquio	တိုကျိုမြို့	tou gjou mjou.
Toronto	တိုရွန်တိုမြို့	tou run tou mjou.
Varsóvia	ဝါဆောမြို့	wa so mjou.

Veneza	ဗင်းနစ်မြို့	bin: na' s mjou.
Viena	ဗီယင်နာမြို့	bi jin na mjou.
Washington	၀ါရှင်တန်မြို့	wa shin tan mjou.
Xangai	ရှန်ဟိုင်းမြို့	shan hain: mjou.

www.ingramcontent.com/pod-product-compliance
Lightning Source LLC
LaVergne TN
LVHW051348080426
835509LV00020BA/3347